Wrocław
Breslau

Historyczno-topograficzny atlas miast śląskich
Historisch-topographischer Atlas schlesischer Städte
Historical-Topographical Atlas of Silesian Towns

Im Auftrag des Herder-Instituts herausgegeben von

Peter Haslinger
Wolfgang Kreft
Grzegorz Strauchold
Rościsław Żerelik

Bearbeiter

Grzegorz Strauchold
Rafał Eysymontt

Band 5

Impressum

Historyczno-topograficzny atlas miast śląskich
Historisch-topographischer Atlas schlesischer Städte
Historical-Topographical Atlas of Silesian Towns

Im Auftrag des Herder-Instituts herausgegeben von:
Peter Haslinger, Wolfgang Kreft, Grzegorz Strauchold, Rościsław Żerelik

Band 5: Wrocław/Breslau

Bearbeiter: Grzegorz Strauchold, Rafał Eysymontt

Leitung der wissenschaftlichen Redaktion:
Dariusz Gierczak, Grzegorz Strauchold

Mitglieder des Redaktionskollegiums:
Klaus-Peter Friedrich, Wolfgang Kreft, Christian Lotz,
Dariusz Przybytek, Wiebke Rohrer

Übersetzung: Dariusz Gierczak

Kartografie: Marc Friede
Luftbildmontage: Charlotte Gohr, Claudia Junghänel,
Wolfgang Schekanski, Waldemar Werwei

Titelsilhouette: Carsten Eisfeld

Gestaltung: Eberle & Eisfeld | Berlin
Druck und Bindung:
DZA Druckerei zu Altenburg GmbH, 04600 Altenburg
ISBN: 978-3-87969-409-9

Bibliografische Information der Deutschen Nationalbibliothek
Die Deutsche Nationalbibliothek verzeichnet diese
Publikation in der Deutschen Nationalbibliografie;
detaillierte bibliografische Daten sind im Internet über
http://dnb.ddb.de abrufbar.

Vertrieb in Deutschland und Westeuropa:
Herder-Institut für historische Ostmitteleuropaforschung –
Institut der Leibniz-Gemeinschaft, Gisonenweg 5 - 7, 35037 Marburg
Tel. +49 6421 184-125, Fax +49 6421 184-210
www.herder-institut.de

Vertrieb in Polen und Ostmitteleuropa:
VIA NOVA, ul. Włodkowica 11, PL – 50-072 Wrocław
Tel./Fax +48 71 344 23 77
www.vianova.pl

Die Herstellung des Bandes wurde von
folgenden Einrichtungen gefördert:

DFG Deutsche Forschungsgemeinschaft

DEUTSCH-POLNISCHE WISSENSCHAFTSSTIFTUNG
POLSKO-NIEMIECKA FUNDACJA NA RZECZ NAUKI

Inhalt

Geleitwort der Herausgeber

Der vorliegende, fünfte Band der 2010 im Herder-Institut begonnenen Herausgabe des Historisch-topographischen Atlas schlesischer Städte ist der größten Stadt der Region und ihrer historischen Hauptstadt Breslau/ Wrocław gewidmet. Der fünfte Band ist gleichzeitig eine Prämiere, denn zum ersten Mal erscheint die Druckversion des Städteatlas in drei Sprachversionen. Auch wegen des größeren Umfangs als bisher musste diesmal auf die bisherige Praxis der Erstellung von zweisprachigen Bänden in Deutsch und Polnisch verzichtet werden. Als dritte Sprache kommt Englisch hinzu.

Das Atlaswerk, das innovativ die Entwicklung der ausgewählten 34 Städte vom Beginn des 19. bis zum 21. Jh. im Blick hat, stellt eine Kombination von fundierten Fakten, von Informationen und Interpretationen zur Geschichte und Gegenwart der behandelten schlesischen Städte dar. Es möchte einen nachhaltigen Beitrag zur weiteren Erforschung städtischer Räume leisten, der auch für die planvolle Stadtentwicklung sowie für die regionale und örtliche Identität von Bedeutung ist.

Ausgerichtet an den institutionellen Leitzielen als wissenschaftliche Infrastruktureinrichtung, Forschungen zur Geschichte des östlichen Mitteleuropa nicht nur zu unterstützen und zu organisieren, sondern auf der Basis seiner wissenschaftlichen Sammlungen auch selbst zu betreiben, ist die Idee zu dem Projekt u. a. bei Erschließungsarbeiten zu den teilweise einzigartigen Sammlungsbeständen des Herder-Instituts entstanden. Der Atlas verknüpft hochwertige Grundlagenforschung mit dem Ziel, ein breites Publikum anzusprechen.

Doch steht das Herder-Institut bei seinen Forschungsprojekten nicht allein. Es ist vielmehr Teil einer lebendigen Forschungslandschaft, die sich nicht erst seit dem Beitritt der mittel- und osteuropäischen Staaten zur Europäischen Union auf dem Weg zu einem neuen Selbstverständnis befindet. Im Fall des schlesischen Städteatlas sind folgende institutionelle Kooperationspartner beteiligt: Historisches Institut der Universität Breslau (Instytut Historyczny Uniwersytetu Wrocławskiego) mit der Arbeitsstelle für Historische Atlanten (Pracownia Atlasu Historycznego), Universitätsbibliothek Breslau (Biblioteka Uniwersytecka we Wrocławiu) und die Staatsbibliothek zu Berlin – Preußischer Kulturbesitz. Neben den institutionellen Partnern wirken 29 Autoren aus Polen, Deutschland und der Tschechischen Republik mit ihren Textbeiträgen zur jeweiligen Stadtentwicklung mit.

Unser besonderer Dank gilt außerdem der Deutschen Forschungsgemeinschaft, welche die erste Projektphase weitgehend gefördert hat, und der Deutsch-Polnischen Wissenschaftsstiftung / Polsko-Niemiecka Fundacja na rzecz Nauki, ohne deren finanzielle Unterstützung das mehrjährige Projekt nicht hätte durchgeführt werden können.

Peter Haslinger
Wolfgang Kreft
Grzegorz Strauchold
Rościsław Żerelik

Einführung

Das Interesse an der europäischen Stadtgeschichte hat in jüngster Zeit wieder stark zugenommen und widmet sich seit einigen Jahren zunehmend auch dem 20. Jh.[1] In verschiedenen Diskussionsforen werden – stimuliert nicht zuletzt durch die modernen *turns* in der Geschichtswissenschaft – neue Perspektiven sowohl der Urbanisierungs- und Stadtplanungsforschung als auch der kulturgeschichtlichen Phase der Stadtgeschichte erörtert, die seit den 1990er Jahren mit der Hinwendung zur gemeinsamen europäischen Aufarbeitung des städtischen Kulturerbes zu neuen Ansätzen auch hinsichtlich der Städteatlanten führte.[2]

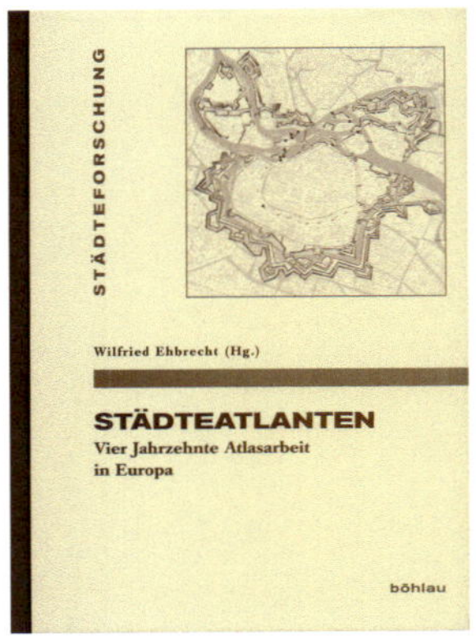

Die laufenden Arbeiten an den verschiedenen nationalen und regionalen Städteatlanten stellen in diesem Zusammenhang insofern ein unentbehrliches Instrument für die vergleichenden Forschungen zur mitteleuropäischen Stadtgeschichte dar, als sich der Wandel der städtischen Topografie sowie bauliche Eigenart und Wachstum der Städte im 19. und 20. Jh. v. a. im Kartenbild ablesen lassen. Über die Schaffung einer empirisch abgesicherten Basis hinaus kann es der Grundlagenarbeit im Atlasformat gelingen, die stadtgeschichtliche Forschung im Hinblick auf das sichtbare Interesse an städtischer Entwicklung und Gestalt noch attraktiver zu machen.[3]

Mediengeschichtlich stehen hinsichtlich der visuellen Dokumentation städtischer Entwicklung dabei die Druckmedien bis zum elektronischen Publikations- und Kommunikationsmedium Internet seit dem späten 20. Jh. im Fokus. Am Ende des 19. Jh.s war für Mitteleuropa ein Kartenbild erstellt, das bis zur Satellitenkartografie und zur Computerherstellung von Karten kaum noch übertroffen werden sollte. Mit der Erfindung der Fotografie kam das Authentische für die spätere Erinnerung hinzu, wobei die Stadtfotografie von besonderem Aussagewert ist.

In der Zwischenkriegszeit fand als neues Medium das Luftbild Eingang in Lehre und Kulturwissenschaft. Neben weiteren schriftlichen Quellen und Stadtansichten sind v. a. historische Stadt- und Katasterpläne bedeutende Hilfsmittel, deren wissenschaftliche Auswertung als Methode der Stadtgeschichtsforschung in den 1930er Jahren begann.

Die zweite Hälfte des 20. Jh.s führte mit der kriegsbedingten Teilung Mitteleuropas 1945 zunächst zu unterschiedlichen Stadtentwicklungsprozessen in Ost und West, wobei auch die mediale Konstitution und Zirkulation der schlesischen Stadtgeschichte unterschiedlich verlief. In Polen erschienen in den 1980er Jahren erste Publikationen, die Luft- und Satellitenbilder, topografische Karten und Stadtpläne in Verbindung mit interpretierenden Texten zur theoretischen, methodischen und praktischen Kulturlandschaftsforschung heranzogen.[4]

Auch in der damaligen Tschechoslowakei entstand bereits Ende der 1970er Jahre die Idee einer kartografischen Bearbeitung der Geschichte der böhmischen Städte, doch eigene Städteatlanten wurden bis zur politischen Wende von 1989/90 für das Gebiet des östlichen Mitteleuropa nicht produziert. Lediglich im Rahmen des Deutschen Städteatlas waren bis dahin einige ehemals deutsche Städte bearbeitet worden (für Schlesien: Breslau, Frankenstein, Goldberg und Oppeln).[5]

Nach der Wende beteiligte sich Polen 1993 als erstes Land des östlichen Mitteleuropa an dem Mitte der 1960er Jahre entwickelten Programm der europäischen Städteatlanten.[6] Für Tschechien wurde ein entsprechendes Programm 1995 aufgelegt.[7] Im Mittelpunkt dieser Atlanten steht jeweils die Urkatasterkarte des Stadtkerns vom Beginn des 19. Jh.s, die Auskunft gibt über Gestalt und Wandel der Stadt bis zum industriellen Zeitalter, während die Texte mehrheitlich die Entwicklung der Städte vom Mittelalter bis zum Beginn des 20. Jh.s skizzieren. Neben thematischen, die räumliche Entwicklung des Stadtkerns rekonstruierenden Karten enthalten diese Lieferungen auch Reproduktionen von Stadtplänen vom 16. bis zum Beginn des 20. Jh.s, mit denen der Stadtgeschichtsforschung bedeutende kartografische Quellen zur Verfügung gestellt werden.

Eine umfassende gemeinsame deutsch-polnisch-tschechische Aufarbeitung der schlesischen Städtegeschichte des 19. und 20. Jh.s fehlt allerdings bisher. Dabei steht zu Beginn des 21. Jh.s jedoch nicht mehr die lokalhistorische Ereignisgeschichte der jeweiligen Stadt im Vordergrund. Vielmehr ist heute ihr interdisziplinärer Charakter herauszustellen, der die moderne Sozial- und Strukturgeschichte, verbunden mit kulturhistorischen Fragestellungen, in größere vergleichende Zusammenhänge stellt.[8]

Ausgehend von diesem Forschungsstand ist das Ziel des Historisch-topographischen Atlas schlesischer Städte eine Darstellung der räumlichen Entwicklung von 34 repräsentativ ausgewählten Städten der Region über den gesamten Zeitraum des 19. und 20. Jh.s, wobei die Idee des Projekts bei der Bearbeitung eines einzigartigen Bestands von Senkrechtluftbildern in der Kartensammlung des Herder-Instituts entstanden ist.[9] Den erklärten Perioden der Stadtentwicklung des Untersuchungszeitraums (1815–1870, 1871–1918, 1919–1945, 1946–1989, seit 1990) entsprechend, erfolgt eine zeitdynamische Dokumentation der Städte vom Beginn des industriellen Zeitalters in Schlesien über die gründerzeitliche Stadterweiterung und die moderne Verkehrsinfrastruktur sowie die Siedlungsentwicklung in der Zwischenkriegszeit.

Für die Zeit nach 1945 werden v. a. die verschiedenen Formen des Wiederaufbaus und der zunächst sozialistische Funktionswandel der Beispielorte in den Blick genommen, und schließlich wird das Bild der gegenwärtigen Stadt im Transformationsprozess des jeweiligen Landes beschrieben. Damit wird am Beispiel der Geschichtsregion Schlesien ein Grundlagenwerk für die vergleichende Städteforschung im europäischen Rahmen vorgelegt. Parallel zu den gedruckten Atlasbänden konnte bereits 2009 mit der Publikation einer interaktiven Version im Internet begonnen werden.[10]

Der Kanon des Atlasprogramms umfasst neben Texten zur jeweiligen Stadtentwicklung die Edition der folgenden, zum Teil unikalen amtlichen topografischen Karten- und Luftbildquellen im möglichst einheitlichen Maßstab 1:25.000, die insbesondere die siedlungs-, verkehrs- und wirtschaftsgeografische Entwicklung von Stadt und umliegender Kulturlandschaft dokumentieren:

- Preußische Urmesstischblätter 1:25.000, um 1830
- Messtischblätter 1:25.000, um 1900
- Topographische Karte 1:25.000, um 1940
- Luftbildplanwerk des Deutschen Reiches 1:25.000, 1934–1944
- Senkrechtluftbilder, ca. 1:25.000, 1944/45
- Mapa topograficzna Polski 1:25.000, um 1975
- Mapa topograficzna Polski 1:10.000, um 2000

1 Vgl. u. a. Bohn 2009; Deutsches Polen-Institut Darmstadt 2007; Malikowski, Solecki 2007; Lenger, Tenfelde 2006; Bodenschatz 2006; für die tschechischen Städte sei hier das mehrbändige Grundlagenwerk von Kuča 1999–2011 genannt.
2 Vgl. Ehbrecht 2013. In 18 europäischen Staaten sind bisher über 530 Atlasbände erschienen, die eine wichtige Grundlage für weiterführende vergleichende Forschungen über Geschichte und Gegenwart und damit auch zur Zukunft der europäischen Stadt bieten. Vgl. www.uni-muenster.de/Staedtegeschichte/bestaende/staedteatlanten.html.
3 Opll 2005: 72.
4 Olędzki 1988; Ciołkosz, Ostrowski 1995.
5 Vgl. Junk 1985; außerdem Stoob 1984.
6 Vgl. Czaja 2005: 30. Im Rahmen des Atlas historyczny miast polskich / Historischer Atlas polnischer Städte, hrsg. von Antoni Czacharowski, wurde die Reihe 4 Śląsk/Schlesien 2001 mit dem Band Wrocław/Breslau eröffnet.
7 Šmahel, Johanek, Semotanová, Slezák, Žemlička 1995.
8 Krzoska 2006: 12.
9 Kreft 2000. Der Band dokumentiert in erläuterter Gegenüberstellung von Luftbild und Karte einen Bestand von etwa 6.300 militärischen Aufnahmen, von denen etwa 3.250 weite Gebiete Schlesiens abdecken. Die Luftbilder sind vielfach die letzten Zeugnisse der noch unzerstörten historischen Stadtlandschaften entlang der Oder und vermitteln damit über ihre historisch-kulturelle Bedeutung hinaus zugleich eine Vision der urbanen Entwicklungsmöglichkeiten.
10 www.herder-institut.de/staedteatlas-schlesien. Zur weiteren Konzeption des Projekts vgl. Kreft 2009 und 2010; Gierczak 2012.

Für die Beispielstädte des früheren Österreichisch-Schlesiens (Opava/Troppau, Ostrava/Ostrau und Těšín/Teschen) werden die entsprechenden Karten der Österreichischen Landesaufnahmen von 1845 und 1880 bzw. der ersten Tschechoslowakischen Republik und der Tschechoslowakischen Sozialistischen Republik sowie der Tschechischen Republik herangezogen. Die Jahreszahl bei den Unterschriften zu den edierten topografischen Karten gibt, soweit möglich, den Stand der Bearbeitung an.

Dieser Quellenkanon ermöglicht aufgrund seiner weitgehend einheitlichen Darstellung von Kreis- und Gemeindegrenzen, der topografischen Orts- und Gebietslage von Siedlungen, des Verkehrs- und Gewässernetzes sowie von topografisch besonderen Objekten eine entsprechende Vergleichbarkeit der räumlichen Stadtentwicklung. Die Karten geben auch Auskunft über topografische Konstanten, naturräumliche und verkehrsbedingte Gegebenheiten, die sich kaum verändern lassen und daher den Städten ihre individuellen, über lange Zeiträume fortbestehenden Konturen verleihen.[11]

Die zugrunde gelegten Karten lassen sich mit Methoden der historisch-genetischen Siedlungsforschung interpretieren, sie dienen der Analyse kulturräumlicher Elemente und stellen zudem eine wichtige Quelle für die Toponymik in dieser Region sich wandelnder Grenzen dar. Die zeitliche Abfolge der ausgewählten Karten und Luftbilder verdeutlicht die Veränderungen der Stadtlandschaft in den vergangenen zwei Jahrhunderten und kann Forschung und Praxis zu aufschlussreichen Vergleichen und Diskussionen über die Konsequenz von Raumnutzung in Vergangenheit und Gegenwart anregen.

Neben diesen edierten Karten- und Luftbildquellen ist die zusätzlich zu erarbeitende Karte der Stadtentwicklung, ebenfalls im Maßstab 1:25.000, von besonderer Bedeutung. Auf der Basis des aktuellen Forschungsstands fasst sie die im Textbeitrag beschriebenen räumlichen und zeitlichen Entwicklungsabschnitte kartografisch zusammen, ergänzt um aussagekräftige Darstellungselemente, deren Zusammenhänge sich nur im stadträumlichen Lagebezug erschließen: Stadtgrenzen, eingemeindete Ortschaften mit allen Namensformen, Differenzierung von Siedlungs-, Industrie- und Verkehrsflächen, wichtige zentralörtliche Gebäude und Grünflächen.[12]

Neben den bereits erwähnten Quellen aus dem 19–21 Jh. kommen auch Ansichten, Grafiken, Karten und zweisprachige Stadtpläne sowie weitere Materialien aus der Zeit vor der Industrialisierung hinzu, die oftmals die ältesten topografischen „Urkunden" und damit das Abbild des später häufig städtebaulich überformten genetischen Codes der Stadt darstellen.[13]

Wolfgang Kreft

11 Zur kartografischen und geografischen Interpretation des Kartenkanons vgl. Lorek 2011 und Heineberg, Mayr 1991: 131–145.

12 Vgl. Ehbrecht 2006: [Textbeilage S. 4].

13 Vgl. Eysymontt 2009.

Zur Bearbeitung vorgesehene schlesische Städte

1. Geografische Lage

Geografische Koordinaten: 51° 06' 36" N, 17° 01' 20" O

Die Stadt Breslau (Wrocław) liegt im Südwesten Polens im Tal der Oder (Odra), inmitten der Schlesischen Tiefebene. Sie zählt zu den größten Städten des Landes und ist Hauptstadt der Woiwodschaft Niederschlesien. Seit den 1990er Jahren hat die Stadt als überregionales Wirtschaftszentrum im Dreiländereck Polen, Deutschland und Tschechische Republik an Bedeutung gewonnen. Über das Autobahnnetz ist Breslau im Westen mit Dresden und Berlin, im Osten mit dem oberschlesischen Industriegebiet, mit Krakau (Kraków) und über Polen hinaus – mit der Ukraine verbunden.

Auf dem heutigen Stadtgebiet teilt sich die Oder in natürliche Flussarme und in von Menschen angelegte Wasserwege. Hier münden vier Nebenflüsse in die Oder: Ohle (Oława), Lohe (Ślęza), Schweidnitzer Weistritz (Bystrzyca) und Weide (Widawa).

Auch historisch ist Breslau der Mittelpunkt Schlesiens. Dank der günstigen Lage entwickelte sich hier frühzeitig ein wichtiger Knotenpunkt der Handelswege und zugleich eine bedeutende Handelsstadt. Den natürlichen Hauptweg des Handels bildete die Oder, die von ihrer Quelle in Mähren in nordwestlicher Richtung und schließlich nach Norden der Ostsee zufließt. Durch das linksseitige Breslau verlief darüber hinaus die auch als Hohe Straße bekannte, historische via regia, die einst das östliche mit dem westlichen Europa verband. Von Beginn an war Breslau dank der Oder, der via regia sowie des Landwegs von Posen (Poznań) und Gnesen (Gniezno) nach Prag (tschechisch: Praha) ein zentraler Verkehrsknotenpunkt sowohl auf dem Weg von Ost nach West als auch von Nord nach Süd.

Jahr	Fläche (ha)
1260	60
1261	120
1327	133
1600	160
1640	163
1800	350
1808	2.048
1860	2.050
1868	3.020
1880	3.019
1890	3.016
1892	3.036
1895	3.093
1897	3.576
1900	3.606
1903	3.614
1910	4.229
1911	4.920
1920	4.917
1924	4.961
1928	17.465
1930	17.496
1933	17.496
1949	17.490
1951	22.420
1969	22.450
1970	22.860
1973	29.250
1974	29.310
1977	29.280
2008	29.282

Stadtfläche von Breslau 1260–2015
Verschiedene Quellen: deutsche und polnische statistische Jahrbücher; Berichte der Stadt Breslau/Wrocław.

Jahr	Einwohnerzahl
1550	23.500
1750	32.087
1799	44.218
1816	75.082
1849	110.702
1871	207.997
1910	512.658
1919	536.013
1925	559.491
1939	634.669
1945	216.000
1950	299.796
1955	378.306
1960	435.400
1965	474.199
1973	560.260
1975	575.890
1980	617.687
1985	637.207
1990	643.218
1995	641.974
2000	640.614
2005	635.932
2010	630.691
2014	634.487

Bevölkerungszahl 1550–2014
Ab 1945 Stand am Ende des Jahres; für die früheren Jahre zum Teil abweichende Angaben. Verschiedene Quellen: deutsche und polnische statistische Jahrbücher; statistische Berichte der Stadt Breslau/Wrocław.

Bevölkerungsentwicklung von 1800 bis 2014

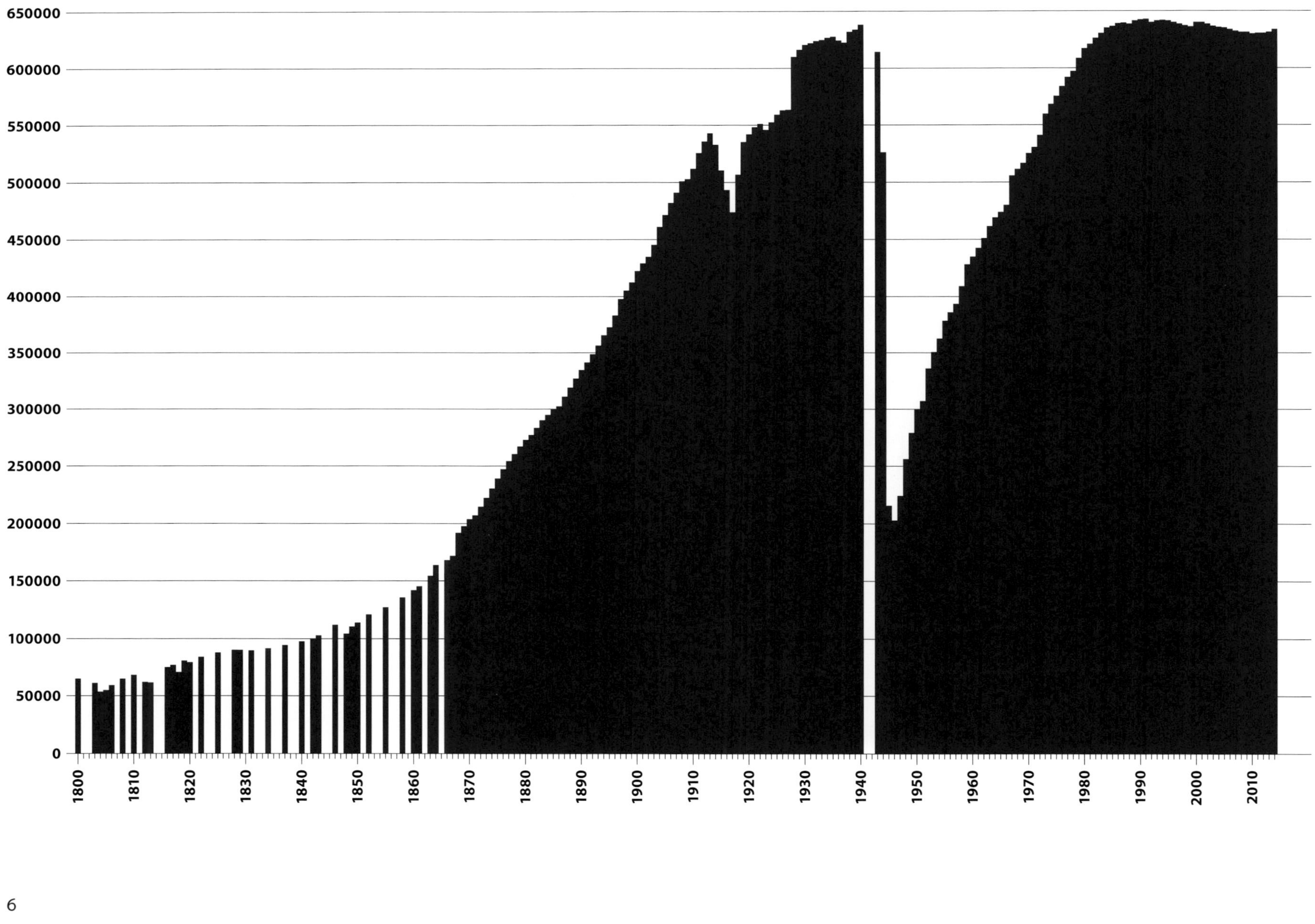

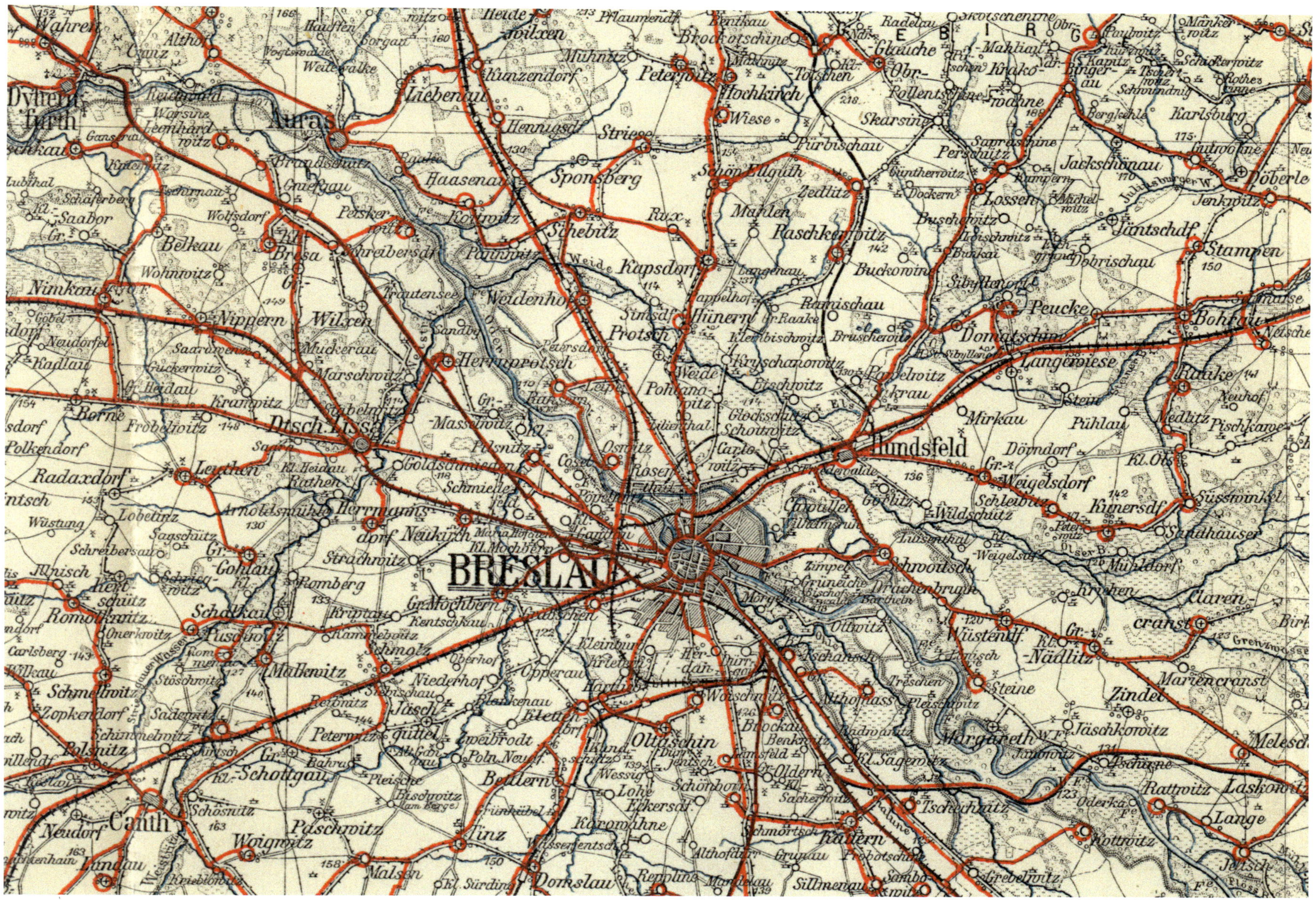

Eisenbahn- und Telegraphenkarte 1 : 300.000, Blatt Breslau, 1902 (Ausschnitt)
Zu Beginn des 20. Jh.s genoss Breslau nicht nur eine herausragende Stellung als die einzige schlesische Metropole, sondern auch als die fünftgrößte Stadt im gesamten Städtenetz des Deutschen Reiches.

Okolice Wrocławia, 1 : 250.000, 2014 (Ausschnitt, vergrößert)
(Nebenkarte aus: Wrocław. Plan miasta, 1 : 22.500, Expressmap 2014)
Die Karte der Umgebung von Breslau zeigt die moderne, vernetzte Stadt mit dem immer dichteren Kranz von Vororten im Ballungsraum.

2. Stadtgeschichte bis zum Ende des 18. Jh.s

Durch das einst stark bewaldete Gebiet der heutigen Stadt waren u. a. Kelten gezogen, es wurde von Germanen bewohnt, und um das 6. Jh. herum wanderten hier Slawen ein. Man vermutet, dass sich das heutige Niederschlesien gegen Ende des 9. Jh.s im Verband des ersten bekannten Staates befand, der von slawischen Geschlechtern regiert wurde: des sog. Großmährischen Reichs. Nach seiner Zerschlagung durch nomadische Ungarn (Magyaren) fiel das Gebiet zu Beginn des 10. Jh.s an das Herzogtum Böhmen. Unter dem böhmischen Fürsten Vratislav I. wurde vermutlich die früheste Burganlage errichtet, aus der dann Breslau hervorging. Etwa im Jahr 990 eroberte Mieszko I., der erste historische Herrscher Polens, das Gebiet.[1]

In den folgenden Jahrhunderten war Schlesien mit Breslau ein Objekt zäher, zum Teil militärisch ausgetragener Auseinandersetzungen zwischen den polnischen Herrschern und dem Heiligen Römischen Reich Deutscher Nation und der ihm zugehörigen böhmischen Krone. Diese wollte nicht auf den schlesischen Landesteil verzichten und unternahm mehrere Versuche, Breslau und seine Umgebung zurückzuerlangen. Der Einfluss Prags auf die schlesischen Gebiete war von der Mitte des 13. Jh.s an besonders prägend. Als Folge der Mongolenstürme (1241) begann zu dieser Zeit der Niedergang des mächtigen Herzogtums der schlesischen Heinriche. Diese beiden Piastenfürsten spielten eine wichtige Rolle im mittelalterlichen polnischen Staat, der sich im Jahr 1138 in einzelne Herzogtümer aufgespalten hatte.

Nachdem Polen durch seine Aufsplitterung in Teilfürstentümer geschwächt worden war, musste das erneuerte Königreich in der Mitte des 14. Jh.s den Verlust seiner Oberhoheit über Schlesien zu Gunsten Böhmens anerkennen. Dessen König Johann von Luxemburg brachte schrittweise nahezu alle souveränen Fürstentümer Schlesiens als Lehen unter seine Herrschaft. 1335 verstarb Herzog Heinrich VI. von Breslau kinderlos, sodass seine Ländereien unmittelbar an die böhmische Krone fielen. Diese erbten im Jahr 1526 die österreichischen Habsburger. Die böhmische Krone gelangte damit in die Hände der gewählten Herrscher des Heiligen Römischen Reichs Deutscher Nation. Im 18. Jh. war Schlesien Schauplatz der drei Schlesischen Kriege (1740–1742, 1744–1745 und 1756–1763) zwischen der katholischen Habsburgermonarchie und dem protestantischen Preußen, das der Hohenzollern-König Friedrich I. der Große regierte, der Anspruch auf Schlesien erhob. Seit 1741 war Breslau Teil des Königreichs Preußen.

Die vor der Erlangung der Stadtrechte entstandene Ansiedlung in Breslau geht zurück auf eine Siedlung der Slensanen. Nach dem Jahr 990 zählte Breslau als ehemaliger Sitz des böhmischen Fürsten vermutlich zu den bedeutenderen Burganlagen im Reich Mieszkos I. und seines Nachfolgers Bolesław des Tapferen. Die Burg entstand auf einer der Inseln in der Flussgabelung der Oder, die später Dominsel (Ostrów Tumski) genannt wurde.[2] Diese Lage erleichterte die Überquerung des Flusses und ermöglichte die Nutzung der Wasserstraße, die das Sudetenvorland (Przedgórze Sudeckie) mit der Ostsee verband.[3]

Die Holz-Erde-Anlage war in der zweiten Hälfte des 10. Jh.s ein ovaler Burgwall, bestehend aus dem Herrschaftssitz und einer 5 bis 6 ha großen Siedlung mit einer Kirche. An der Wende des 12. zum 13. Jh. entstand die Burg als ein gemauertes Gebäude. Im Jahr 1000 war in Breslau das dritte Bistum Polens gegründet worden, das dem Erzbistum Gnesen unterstand. Auf der südlich der Dominsel gelegenen Sandinsel (Wyspa Piaskowa) befand sich seit dem Jahr 1150 eine Augustiner-Abtei, die vom Zobtenberg (Ślęża) nach Breslau verlegt worden war.

Vor Erlangung der Stadtrechte umfasste das am linken (südlichen) Ufer der Oder unweit der Flussüberquerung gelegene Breslau die seit der zweiten Hälfte des 12. Jh.s vorhandene Siedlung von Wallonen an der Kirche St. Mauritius und die Siedlung an der Schenke Nabitin (na bytyniu = „auf dem Feld") an der Kirche St. Nikolai, die seit 1175 dem Zisterzienserkloster in Leubus (Lubiąż) gehörte.[4] Als *civitas* erscheint im Jahr 1226 die Umgebung der Adalbertkirche. Am nördlichen Oderufer, wo schon früher der Frühjahrsmarkt abgehalten worden war,[5] wurde in der ersten Hälfte des 12. Jh.s eine Benediktiner-Abtei mit drei Gotteshäusern auf dem Elbing (Ołbin) gegründet: St. Vinzenz, die seinerzeit größte Kirche auf polnischem Gebiet, sowie die Kirche St. Michael und die private Allerheiligenkapelle des Stifters Piotr Włost (oder Włostowic), eines einflussreichen Magnaten aus dem Umfeld des Herzogs von Polen Bolesław III. Schiefmund und seines Nachfolgers Władysław des Vertriebenen.

Mit der Besiedlung der Oderinseln und anderer ufernaher Bereiche begann auch die wechselhafte Beziehungsgeschichte zwischen Mensch und Fluss. Die Oder diente als Transportweg flussauf- und flussabwärts; mit

1 Buśko, Goliński, Kaczmarek, Ziątkowski 2002; Bahlcke 2005.

2 Małachowicz 1992: 12–14.

3 Zur Bedeutung von Wasserwegen für die Ortsgründung vgl. Przybył 2005: 13–114.

4 Młynarska-Kaletynowa 1986.

5 Piekalski 1991.

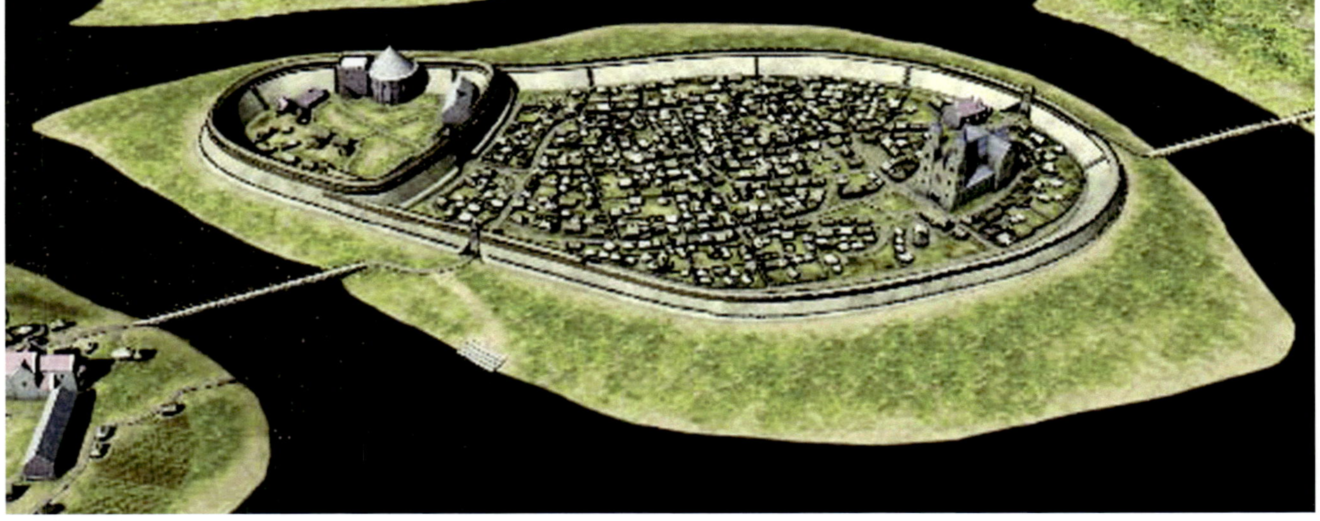

Die Rekonstruktion zeigt die Breslauer Siedlung auf der Dominsel in der zweiten Hälfte des 10. Jh.s

ihrer Wasserkraft ließen sich Mühlen und andere Gewerke antreiben; sie war Trinkwasserquelle, und sie nahm Abwässer auf. Im Mittelalter und in der Frühen Neuzeit kam es immer wieder zu Veränderungen im Verlauf des Flussbetts der Oder und ihrer Nebenflüsse. Die häufig auftretenden Überschwemmungen trafen v. a. die Bewohner der Flussinseln.
Im gleichen Maße, in dem die Flussarme der Oder von großer Wichtigkeit für die Entwicklung des rechtsufrigen Teils der Stadt war, hatte die Ohle, die sich vor ihrer Mündung in die Oder in zwei Arme aufteilte, große Bedeutung für das linke Ufer. Der überlieferte Name des Oderarms, der die Siedlung im Norden begrenzte – Odrzyca (1281 „Odricza") – könnte ein Hinweis auf seine untergeordnete Rolle im Vergleich mit dem weiter nördlich zwischen der Sandinsel und der Dominsel[6] fließenden Strom sein. Das etliche Kilometer von der Stadt Ohlau (Oława) bis nach Breslau umfassende gemeinsame Flusstal der Ohle und der Oder bedingte, dass sich die Richtung des gegenseitigen Zuflusses im Verhältnis zueinander häufig änderte. Derzeit wird das gesamte Wasser der Ohle unweit ihrer Mündung für den Bedarf der städtischen Wasserwirtschaft entnommen, sodass ihre Mündung stehendes Wasser füllt, das der Oder entstammt.
Nachdem im Jahr 1291 ein Teil der Ohle in den inneren Stadtgraben, die Schwarze Ohle (Czarna Oława), umgeleitet worden war, führte dies zu einer deutlichen Schwächung jenes Flussarms, der die Bereiche der späteren Alt- und Neustadt voneinander trennte.[7] Seitdem versorgte das Wasser beider Flüsse den äußeren Stadtgraben, der

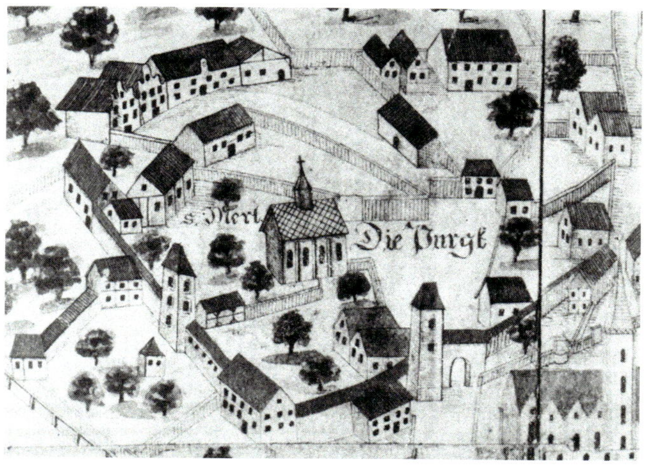

sich hierdurch gewissermaßen in einen künstlichen Oderarm verwandelte. Die vom Hochwasser ausgehende Macht in diesem Flussarm beschrieb ein Chronist, der die Flutwelle schilderte, welche die Stadt im Jahr 1501 überschwemmte.[8] Sie war ebenfalls während der Überschwemmung von 1997 zu spüren. Die stark mäandernde Oder im Osten der Stadt, wo sie deutlich weiter nördlich als in ihrem heutigen Verlauf – im Süden des Stadtviertels Bischofswalde (Biskupin) – dahinfloss, wurde ebenfalls umgelenkt. Der dem gegenwärtigen Flussbett der Oder entsprechende Verlauf wurde erstmals 1531 erwähnt.[9] Das Netz der Nah- und Fernverkehrswege orientierte sich an der Lage der Feuchtgebiete, Teiche und Flüsse. Es wurden Brücken nicht nur als Außenverbindungen, sondern auch innerhalb der Stadt gebraucht, da die zur Oder hinab verlaufenden

Gesamtansicht der Burganlage am rechten Oderufer nach dem Plan von Barthel Weyhner, 1562
(hier Ausschnitt aus einem Kupferstich von 1882)

Breslau von Südosten, Frederik de Wit, um 1690
Die Anlage der Altstadt legte eine bauliche Entwicklung nach Norden nahe, zu den bestehenden Ansiedlungen auf den Oderinseln.

6 Młynarska-Kaletynowa 1986: 74–76.
7 Goliński 1997: 226.

8 Polius 1629: 176.
9 Leonhard 1893: 48; Młynarska-Kaletynowa 1986: 65.

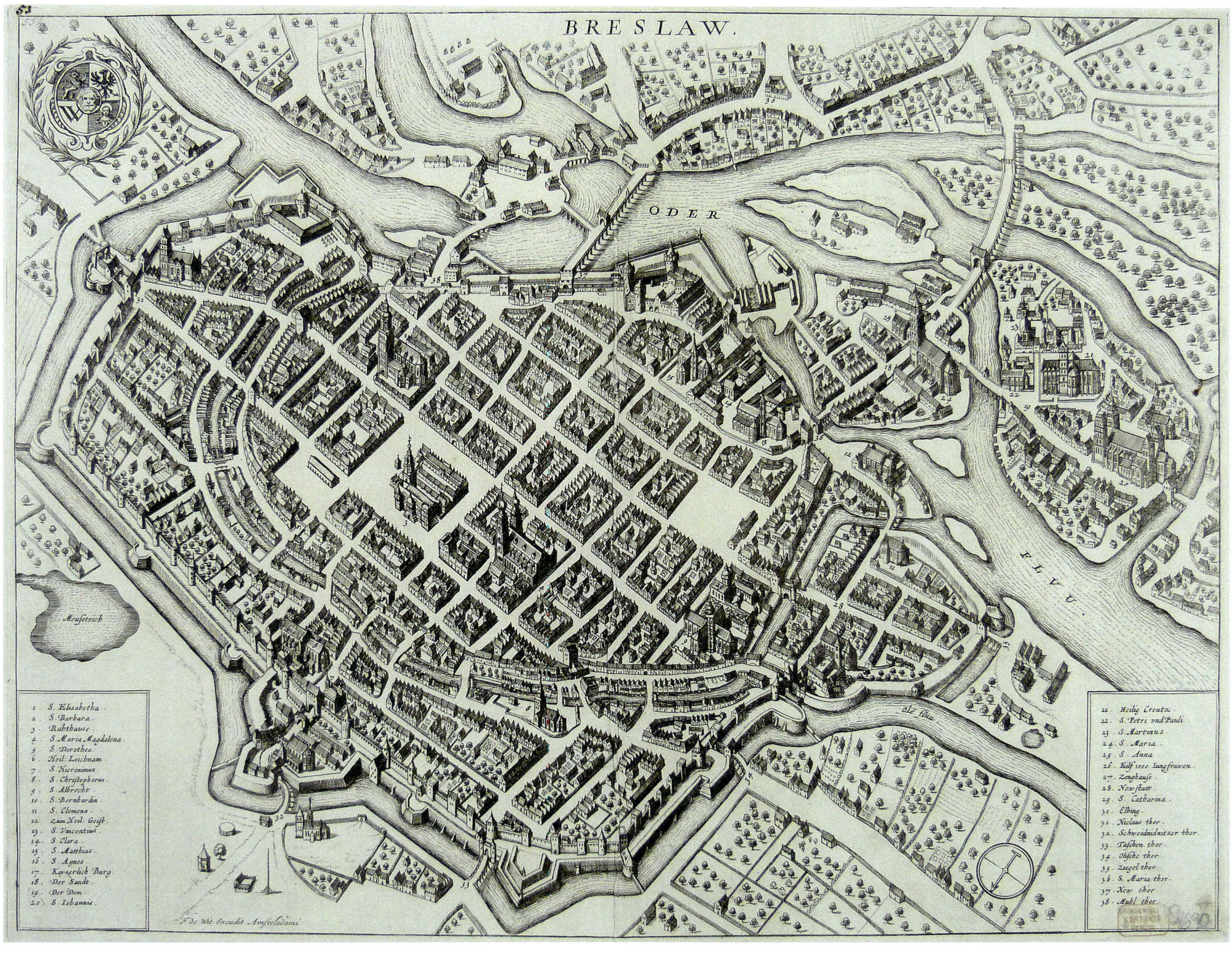

Gassen stets feucht waren. Darauf weisen die frühen Straßennamen wie Schmiedebrücke (ul. Kuźnicza) und Schuhbrücke (ul. Szewska) hin.[10]

Der Kern der vorstädtischen Siedlung am linken Ufer konzentrierte sich wahrscheinlich im Bereich des aus südlicher Richtung kommenden Hauptverkehrswegs, zwischen der Kirche St. Adalbert und der Brücke zwischen der Sandinsel und der Augustinerabtei sowie an der Burg.[11] In den 1220er Jahren entstand zwischen der Magdalenenkirche, die seit 1226 Pfarrkirche war, und der Elisabethkirche ein weiterer Siedlungskern[12] auf dem höchstgelegenen Gebiet innerhalb des historischen Stadtzentrums, wo auch der ursprüngliche, rechteckige Marktplatz angelegt wurde.[13]

1232 verlagerte Heinrich der Bärtige das Marktrecht vom rechtsufrigen Elbing ins Stadtzentrum am linken Oderufer.[14] Ebenfalls hier, auf dem sogenannten „fürstlichen Landstreifen",[15] errichteten sein Sohn Heinrich II. der Fromme und seine Frau, Herzogin Anna, ihre Klosterstiftungen: die Klosterkirche der Franziskaner (1236), das Klarissenkloster (1257) und das Kloster der Kreuzherren mit dem Roten Stern (vor 1253).[16] Sie übernahmen auch die Elisabethkirche, welche neben der Magdalenenkirche das zweite Gotteshaus im linksufrigen Breslau war. Sie stand westlich der Adalbertkirche und somit weit weg von der ursprünglichen *civitas*.

Im frühen 13. Jh. entstanden parallel zu den beiden Hauptverkehrswegen mehrere Straßen im Stadtgebiet.[17] Der rechtwinklige Grundriss des Stadtkerns mit einem sich durch die Anordnung der Kirchen andeutenden Kreuzsymbol prägte auch andere Städte Europas, wie etwa Gent in Flandern oder Krakau in Kleinpolen.[18]

Während des Mongolensturms von 1241 unterlag die Bebauung am linken Ufer der Oder wahrscheinlich der Zerstörung. Als der Verwaltungsmittelpunkt des Herzogtums Breslau wiederaufgebaut wurde, verlieh Bolesław II. der Wilde dem Ort vor dem 10. März 1243 die Stadtrechte.[19] Die Stadtgründung Breslaus war ein wichtiger Faktor der Kolonisierung vom Westen her, welche bereits einige Jahrzehnte zuvor auf Einladung der

---

10 Żerelik 1995: 20.
11 Eysymontt 2009: 567–574.
12 Mruczek 2000.
13 Piekalski 2008: 22; vgl. auch Chorowska 2010.
14 Appelt, Irgang, Menzel 1977: 14–15.
15 Goliński 1999: 15–20.
16 Młynarska-Kaletynowa 1986.
17 Buśko 2005: 186.
18 Verhulst 1987.
19 Appelt, Irgang, Menzel 1977: 138–139; vgl. Młynarska-Kaletynowa 1995: 23–24; Młynarska-Kaletynowa 2001.

Plan de la Ville et des Environs de Breßlau, 1:7.000, um 1780 (verkleinert)
Auf dem Plan sind die ausgebauten Befestigungen um die mittelalterliche Stadt ebenso zu erkennen wie die funktional immer stärker mit der Stadt zusammenwachsenden Vororte, die entlang der Ausfallstraßen entstanden sind.

schlesischen Fürsten begonnen hatte. Siedler aus den westlich gelegenen deutschen Territorien kamen in wachsender Zahl nach Schlesien.[20] Sie gründeten Siedlungen und stellten oftmals die Eliten in den neuen Städten und Dörfern. Danach kam es zu einer Assimilierung der slawischsprachigen Bevölkerung an die deutschsprachigen Einwohner.[21]

Mit der Stadtgründung hing die Verschiebung des nordsüdlichen Hauptverkehrswegs nach Westen, in die Nähe der späteren Schweidnitzer Straße (ul. Świdnicka), zusammen. Von dort aus führte er nach Norden zu einem neuen Oderübergang, an dem die neue herzogliche Residenz entstand, als nach dem Tod von Heinrich IV. Probus das Breslauer Domkapitel etwa um das Jahr 1300 die Burg am rechten Ufer übernommen hatte. Die Rolle des Hauptverkehrswegs auf der Ost-West-Achse übernahmen die Albrechtstraße (heute ul. Wita Stwosza) und die Nikolaistraße (ul. św. Mikołaja), wobei sie den leicht gekrümmten Verlauf der alten Handelsstraße beibehielten.

Im Jahr 1261 verlieh Heinrich III. der Weiße Breslau das Magdeburger Stadtrecht. Auf einem 60 ha großen Gelände, das später vom inneren Stadtgraben umgeben wurde, wies der Magistrat der Stadt Abschnitte zur Bebauung aus.[22] Wahrscheinlich wurden um 1242 auch die wichtigsten Plätze angelegt: Der Ring (Rynek, 172 × 207 m) als zentraler Platz der Stadt mit dem Salzmarkt (später Blücherplatz, pl. Solny 80 × 120 m) als Ausweichplatz. Die Anordnung der Straßen und Baublöcke führte schräg zu den früheren älteren Pfarrkirchen.[23] Die Kirche St. Elisabeth und St. Laurentius (zuerst 1253 erwähnt) war hingegen – wie für schlesische Stadtgründungen typisch – an der Ecke des Rings lokalisiert. Von der Dynamik der architektonischen Umgestaltung im Stadtgebiet zeugt das von Heinrich IV. 1272 verliehene Privileg, in der Stadt Häuser aus Ton(-ziegeln) und aus Stein zu errichten.[24]

Am rechten Oderufer blieben die Dominsel mit der überragenden Kathedrale und der 1288 neben der Burg errichteten Stiftskirche zum Heiligen Kreuz sowie die Sandinsel, durch die ein beiderseitig bebauter, von Nord nach Süd verlaufender Verkehrsweg verlief, eigenständige städtebauliche Komplexe. Auf dem fürstlichen Landstreifen nördlich des späteren Universitätsplatzes (ul. Uniwersytecka) und des Ritterplatzes (pl. biskupa Nankiera) in der linksufrigen Stadt entstanden fürstliche Ordensstiftungen und die fürstliche Kurie. Später wurden hier die fürstliche Burg und die südlich davon gelegene jüdische Siedlung mit zwei Synagogen errichtet. Die Anfänge der jüdischen Gemeinde in Breslau werden auf das 12. Jh. datiert.[25]

Die mittelalterliche Stadtanlage Breslaus im Bereich des inneren Stadtgrabens gehört zu den größten regelmäßigen, geometrischen Stadtanlagen in Europa. Der beinahe quadratische Ring ist nach dem Krakauer Markt der zweitgrößte Marktplatz einer Gründungsstadt in Mitteleuropa. Zusammen mit dem Salzmarkt (pl. Solny) und dem Neumarkt (Nowy Targ, 85 × 120 m) betrug die Fläche der wichtigsten Plätze Breslaus etwa 5,9 ha, während die Fläche der Marktplätze in anderen schlesischen Städten selten 1 ha übersteigt. Die dynamischere Entwicklung im nördlichen Teil der Stadt hatte u. a. zur Folge, dass der Ring im Vergleich zur ursprünglich

Elisabethkirche mit ihrem ursprünglichen Turmhelm, 1452 (Grafik, um 1810)

Planansicht von Breslau, Friedrich Bernhard Werner, um 1750
Der Aufbau eines modernen Rings von Befestigungsanlagen begann in der zweiten Hälfte des 16. Jh.s. Zuletzt entstand, zusammen mit einem kasemattierten Wallabschnitt entlang der Burgstraße (ul. Grodzka), das Sandtor (1605/06). Die meisten dieser Bauwerke gehen auf die beiden Baumeister Hans Schneider und Bernhard Niuron zurück.

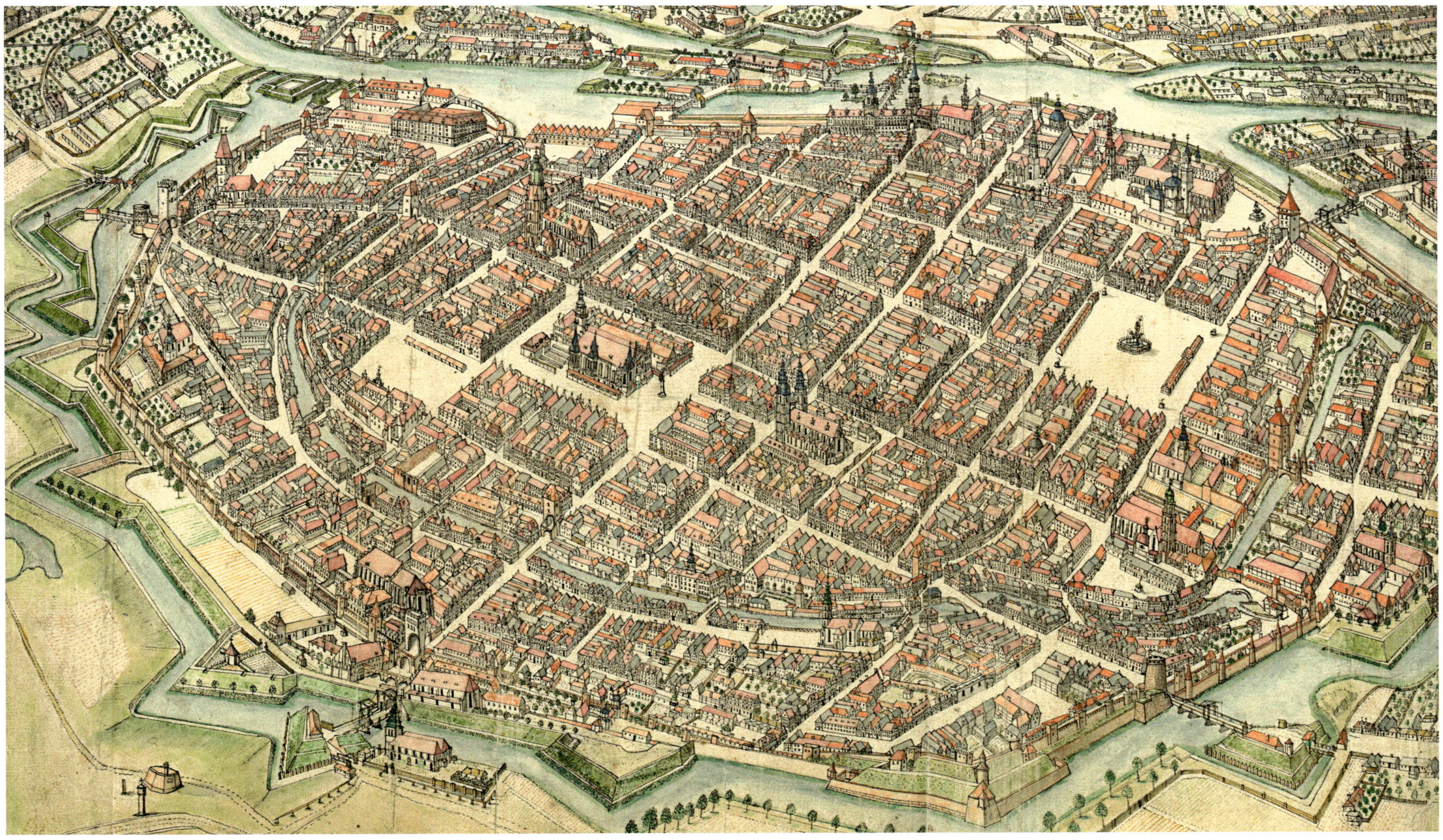

20 Als das älteste dokumentierte Zeugnis deutscher Präsenz auf dem Gebiet des heutigen Breslau gilt die Erwähnung einer Siedlung in Hundsfeld, die auf das Jahr 1206 datiert wird; vgl. Gelles 1996: 13.
21 Bahlcke 2005: 28–34.
22 Auf der Grundlage der Formulierung „ortis ante civitatis iacentibus infra fossata prime locationis" (Appelt, Irgang, Menzel 1984: 241–243) wurde die Hypothese aufgestellt, dass die ursprüngliche Stadt den Bereich innerhalb des äußeren Wassergrabens (1.200 × 800 m) umfasst hätte und erst nach den Zerstörungen des Mongolensturms durch einen kleineren Mauerring umschlossen wurde; vgl. Rozpędowski 1995: 41–51.
23 Mruczek 2000.
24 Korn 1870: 39–40.
25 Harasimowicz, Suleja, Smolak 2006: 240.

Stadtansicht Breslau von Süden, Friedrich Bernhard Werner, um 1730

bewirtschafteten Fläche nicht zentral angelegt wurde. Demnach ist davon auszugehen, dass bereits im ersten Gründungskonzept eine Erweiterung der Stadt in südlicher Richtung bis zur Linie des späteren äußeren Stadtgrabens beabsichtigt war.[26]

Außer den Wassergräben gehörten auch Burgen zum Verteidigungssystem der linksseitigen Stadt. Die erste ließ Heinrich IV. Probus an der Stelle des späteren Zeughauses am Burgfeld erbauen; sie blieb jedoch unvollendet.[27] Eine weitere Burg entstand im Bereich der 1586 erbauten Ziegelbastion. Auch am heutigen Standort des Hauptgebäudes der Breslauer Universität befand sich eine Burg. Darauf beruht auch die Krümmung im Verlauf der Schmiedebrücke. Sie stellte an der Durchgangsstraße von Nord nach Süd bei der Zollkammer an der Oderbrücke eine Art von Schikane dar, die dem Feind den Zugang zur Stadt erschweren sollte.

Im Jahr 1261 wurden die Gebiete zwischen dem inneren und dem äußeren Wassergraben sowie ein Teil der Sandinsel nach Breslau eingemeindet (siehe Karte S. 27). Außerhalb der Stadtmauer bildete sich die Neustadt mit ihrem rechtwinkligen Straßennetz und der dominierenden, leicht gebogenen Breiten Straße (heute ul. Jana Ewangelisty Purkyniego) heraus. Ein Dokument von 1263 nennt den Breslauer Herzog Heinrich III. den Weißen, welcher Gerhard von Glogau die Insel „zwischen dem Hl. Adalbert, der Heilig-Geist-Kirche und den Mauern unserer Breslauer Burg" schenkte, damit dieser dort eine neue Stadt gründe.[28]

26 Vgl. Lasota 1995; Chorowska 2001.
27 Romanow 1992.
28 Korn 1870: 29–30.

Der Turm des Guten-Graupen-Tors bildete den symbolischen Grenzpunkt zwischen der Altstadt und der Neustadt. Obwohl die Neustadt 1327 in die Altstadt eingemeindet wurde, ist sie bis heute eine getrennte städtebauliche Anlage geblieben. Keine Mauern schützten sie, auch ein Markt und eine Pfarrkirche fehlten. Die meist hölzerne Bebauung war weniger dicht als in der Innenstadt; der gesamte südöstliche Rand war von Gärten und Fischteichen geprägt.[29]

Die Stadt am linken Oderufer vergrößerte sich um etwa 120 ha, die in der ersten Hälfte des 14. Jh.s ein neuer Mauerring umgab. Die innere Stadt umfasste darüber hinaus ein Festungsgraben, der aus einem Altwasser entstanden war. Von 1318 bis 1320 wurde vor dem wichtigsten Stadteingang, dem Schweidnitzer Tor, das Johanniter-Hospital mit der Kirche St. Corpus

29 Korn 1870: 73.

Die Breslauer Altstadt vom Nordosten, Peter Schenk, um 1690
Die mächtigen Blöcke der Kirchenbauten mit ihren ausgebauten Kirchtürmen prägten den Charakter der Stadt. Nur die Türme des Schweidnitzer und des Ohlauer Tores machten ihnen Konkurrenz.

Christi (auch Fronleichnamkirche) errichtet. Diesen fiel eine symbolische Schutzfunktion zu.

Das Stadtbild blieb bis zum Beginn des 19. Jh.s unverändert. Es bestand aus der von Befestigungen umgebenen inneren Stadt und den Vorstädten, die sich an den Ausfallstraßen herausbildeten: dem Schweidnitzer Anger (Wygon Świdnicki) im Süden, der Nikolaivorstadt (Przedmieście Mikołajskie) vor dem Nikolaitor, der Odervorstadt (Przedmieście Odrzańskie) nördlich der Stadtmauer, der Ohlauer Vorstadt (Przedmieście Oławskie) an der Straße nach Ohlau und Krakau. Die Vororte und die umliegenden Dörfer unterlagen zum großen Teil der Gerichtsbarkeit der Klöster, während die Gebiete am linken Oderufer der Stadt unterstanden. Die Dominsel und ein Teil der Ohlauer Vorstadt hingegen waren dem Domkapitel und das Hinterdom (Zatumie) unmittelbar dem Bischof untergeordnet. Östlich der ummauerten inneren Stadt wurde in der Nähe der wallonischen Siedlung ein jüdischer Friedhof angelegt, dessen Grenzen zwischen 1315 und 1318 festgelegt wurden.[30]

Ohlauer Tor, 1807

Im 14. Jh. wuchs die Schweidnitzer Vorstadt funktionell stärker mit der Stadt zusammen. 1318 ließ der Magistrat auf dem hiesigen Friedhof für Pilger und Arme eine Kapelle errichten,[31] und vor dem Schweidnitzer Tor entstand ein Schießstand. Die Nikolaivorstadt im Westen, die aus den Dörfern Tschepine (Szczepin, bekannt seit 1203) und Sokolniki bestand,[32] umfasste den Bereich bei der Kirche St. Nikolai.

Die ehemaligen Güter des Klosters auf Elbing im Norden der Odervorstadt, die später zwischen der im 12. Jh. gegründeten St. Vinzenz-Abtei und dem im Jahr 1400 gestifteten Elftausend-Jungfrauen-Hospital aufgeteilt wurden, gelangten 1404 unter die Gerichtsbarkeit der Stadt.

Anfang des 14. Jh. bestanden die meisten Bürgerhäuser noch aus Holz.[33] Kurz nach 1335 wurden Vorschriften über die Baulinie erlassen. Jedes wegen eines Brands abgerissene Haus sollte auf Kosten der Stadt wiederaufgebaut werden. Nach dem Feuer von 1363 wurde angeordnet, dass die niedergebrannten Gebäude gemauert wiedererrichtet werden mussten.[34] Im 14. und 15. Jh. entstanden große, bis zu fünf Stockwerke hohe Bürgerhäuser aus Ziegelstein. Die ausgebauten Giebelgeschosse wurden als Speicher verwendet, was wahrscheinlich mit der Zugehörigkeit Breslaus zur Hanse im Zeitraum von 1387–1474 zu tun

30 Korn 1870: 92.
31 Menzel 1984: 498.
32 Młynarska-Kaletynowa 1986: 74.
33 Menzel 1984: 92.
34 Korn 1870: 207.

Rathaus, Johann Stridbeck, 1691
Das ursprünglich deutlich kleinere Gebäude erfüllte im ausgehenden 13 Jh. zunächst hauptsächlich eine Handelsfunktion. Zwischen dem 14. und 16. Jh. wurde es mehrmals ausgebaut und an die wachsenden Aufgaben der Verwaltung angepasst.

Zuchthaus, Johann Stridbeck, 1691

hatte.[35] Im Jahr 1493 wurden alle Kirchtürme mit ausgebauten, spätgotischen Helmen versehen. Die mächtigen Blöcke der Kirchenbauten, welche die Häuser deutlich überragten, waren prägend für den Charakter der Stadt. Dominierendes Element der Stadt-Silhouette, des Weichbilds, war der Turm der Elisabethkirche.

Die Renaissance brachte eine Verlangsamung der Stadtentwicklung Breslaus mit sich. Den bedeutendsten architektonischen Veränderungen unterlagen die kommunalen Gebäude – das Leinwandhaus und die Fleischbänke. Überdies entstanden die ersten neuzeitlichen Ziergärten. Der Garten mit einem Belvedere am Haus des Stadtrats Heinrich von Rybisch reichte bis an die Oder. Vor der Stadtmauer wurden städtische Erholungsgebiete angelegt.[36]

Die vielfältigen politischen und konfessionellen Konflikte der Frühen Neuzeit fanden ihren Niederschlag auch im städtebaulichen Gepräge Breslaus. Wegen der zunehmenden Spannungen zwischen dem Heiligen Römischen Reich deutscher Nation und dem Osmanischen Reich schien ein Ausbau der Stadtbefestigung geboten. Für Breslaus Magistrat, in dem Protestanten frühzeitig den Ton angaben, war dies eine willkommene Handhabe, um von 1626 an das außerhalb der Mauern gelegene Klosterensemble auf dem Elbing abzubrechen, in dem sich die Macht der katholischen Kirche weiterhin verkörperte.

Der Aufbau der Festung begann mit der Errichtung der Scherenbastion (1544–1551). Danach entstanden die *piatta forma* (ein vorgelagerter Geschützstandort) vor dem Ohlauer Tor (1576–1577), Bernardinerbastion (1574–1581), Burgbastion (1582/83), Ziegelbastion (1586), Sandbastion (1590–1592), Taschenbastion (1594–1595) und Hiobbastion (1596).[37] Die Wassergräben wurden verbreitert und Wälle sowie weitere Bestandteile der Befestigungsanlagen ausgebaut.

Die zweite Phase des Ausbaus der Basteibefestigungen wurde im 17. Jh. in der moderneren, an holländischen

35 Chorowska 1994: 83.
36 Goliński 1997: 74.
37 Ziątkowski 2001.

Plan von Breslau und den ehemaligen Festungswerken, F. G. Endler, 1 : 7.000, 1802 (verkleinert)
Die ersten Festungswerke auf der Dominsel entstanden 1632 während des Dreißigjährigen Krieges (1618–1648). Die letzten Modernisierungsmaßnahmen an den Befestigungen unter der Herrschaft der Habsburger wurden im Jahre 1704 durchgeführt.

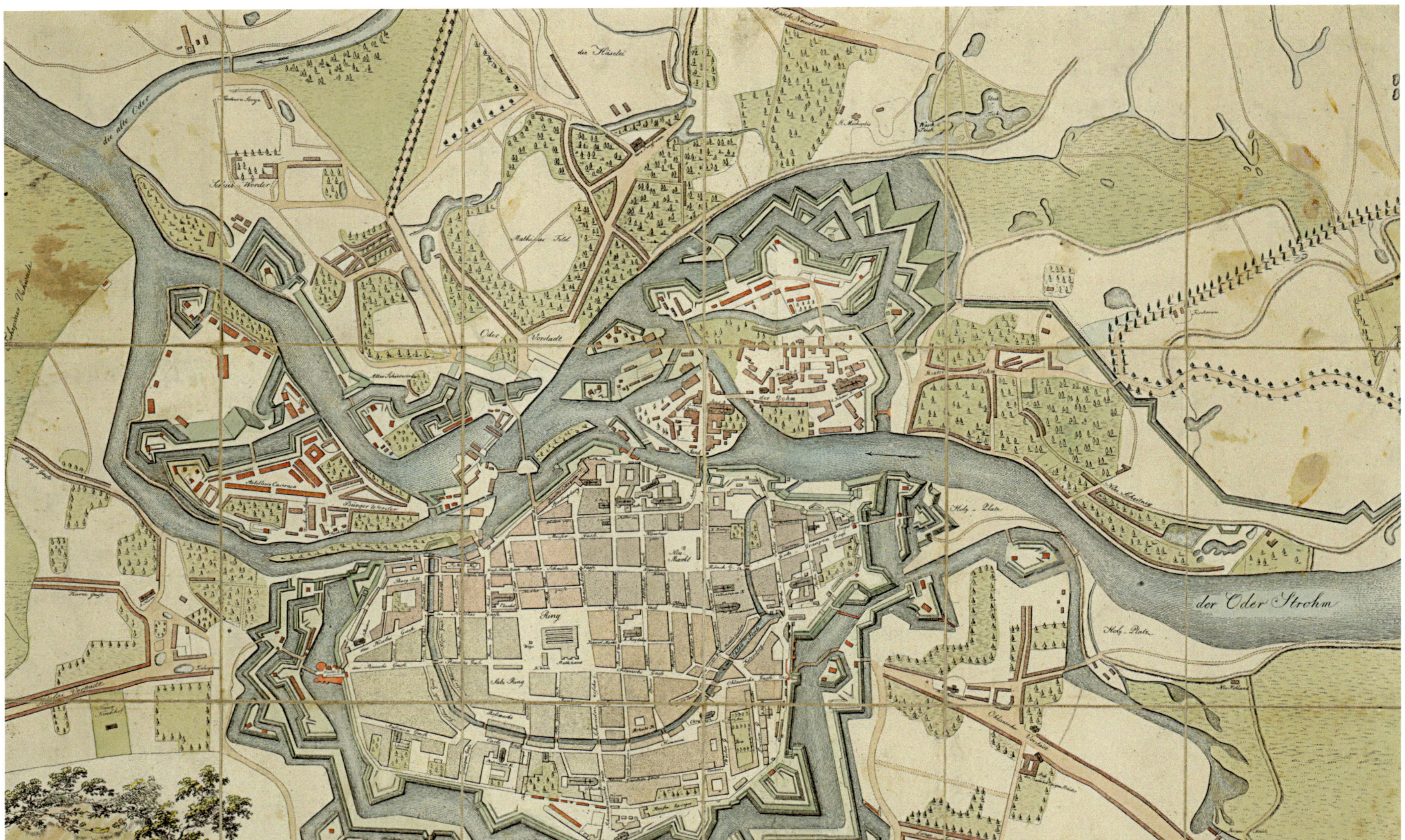

Neumarkt von Norden, 1735

Vorbildern orientierten Bauweise fortgesetzt. Die Festungsbaumeister Valentin, Albrecht und Hans Gottfried von Säbisch entwarfen und beaufsichtigten diesen Ausbau. Im Jahr 1631 wurde eine Erdschanze auf der Mühleninsel aufgeschüttet. entstand das Nikolai-Kronwerk, und zwischen 1639 und 1642 kamen auf den Inseln weitere Schanzen hinzu. Von 1643 bis 1645 wurde die Graupenbastion errichtet, anschließend die Zwinger-Bastion (1667–1670) und die Hundebastion (1678). Die Befestigungen im Norden wurden zu einem Kronwerk ausgebaut und 1693 das neue Schweidnitzer Tor in den Wall integriert.

Großflächige, barocke Klosteranlagen bereicherten das Stadtbild von Breslau um komponierte Sichtachsen und Aussichtspunkte. Dies zeigt sich v. a. im Norden der Stadt, wo die Klöster der Kreuzherren mit dem Roten Stern (Barockbau: 1675–1715), der Prämonstratenser (1682–1695), das nur teilweise verwirklichte Jesuitenkolleg (ab 1728) sowie das schlichte Kloster der Klarissen (ab 1810 – der Ursulinen) gelegen waren. In dieser Phase entstanden auch weitere Prachtbauten, die teilweise ebenfalls von Gärten umgeben waren, wie das Oppersdorf-Palais an der Weidenstraße (ul. Wierzbowa) oder das Hatzfeld'sche Palais an der Albrechtstraße (heute ul. W. Stwosza). Die größten barocken Anlagen entstanden jedoch in den bisher weniger bebauten Vororten. Dazu gehörten das Augustinerkloster auf dem Sand, das Kloster und die Kirche der Barmherzigen Brüder sowie der Palast des Bischofs Philipp Ludwig von Sinzendorf auf dem Weißen Vorwerk in der Ohlauer Vorstadt. Dieser Palast, welcher den Breslauer Bischöfen als Sommerresidenz diente, wurde von einem großen Ziergarten umgeben, wie sie zu dieser Zeit um Klöster, aber auch an Privathäusern sowohl in der Stadt als auch in den Vororten entstanden. Um die Wende vom 18. zum 19. Jh. gab es in den immer dichter bebauten Vorstädten meist einstöckige, aus Holz gefertigte Häuser.[38]

Im Jahr 1702 gründete Kaiser Leopold I. eine Jesuitenakademie zu Breslau, die den Status einer Universität hatte. Damit setzte er ein Zeichen im Machtspiel mit den protestantischen Stadtoberen.

Ein Wendepunkt in der Geschichte der Stadt war die Besetzung Breslaus durch die preußischen Truppen im Jahre 1741 und die anschließende Einverleibung, mit einem Großteil Schlesiens, in das Königreich Preußen. In Breslau, das nun Hauptstadt einer preußischen Provinz war, wurde die Garnison ausgebaut, denn die preußische Regierung musste nun ihrerseits befürchten, dass die Österreicher ihre Gebietsansprüche aufrechterhalten und bei passender Gelegenheit durchzusetzen versuchen würden.

Die Umgestaltung Breslaus in eine große Festung fand von 1762 bis 1787 statt. Der Verteidigungsring um die Altstadt wurde erweitert. Vor den Befestigungsanlagen außerhalb des Wassergrabens erschien eine zangenartige Enveloppe, der sieben Schutzwerke vorgelagert waren. Im Nordwesten war die Stadt durch die Festungsanlagen des Bürgerwerders (Kępa Mieszczańska) gesichert. Die Insel wurde in der Hälfte durch das vom Wassergraben geschützte Hornwerk geteilt, vor dem drei Redouten standen. Im Nordosten bot der Springstern auf der Dominsel der Stadt Schutz. Es handelte sich dabei um Befestigungen mit einem mächtigen, sich über drei Bastionen erstreckenden Kronwerk: Rosenthal, Hundsfeld und Neudorf. Die Befestigungen auf dem rechten Oderufer bestanden aus der Silberschanze und dem Oderkronwerk im Nordosten sowie dem breiten Domgraben im Südosten. Der Schöpfer des Großteils dieser Werke war Major Caspar von Haab. Zwischen 1787 und 1800 wurden die neuen Befestigungswerke im Norden und südlich der Oder nach Breslau eingemeindet.

Die Arbeiten an den Befestigungen gingen mit dem Ausbau der Infrastruktur der Garnison einher. Von 1741 bis 1806 entstanden zahlreiche Militärbauten, darunter auch eine Bäckerei, Magazine sowie Wagen- und Reiterhallen. Im Jahr 1765 wurden die Wehner- und die Karmeliterkaserne erbaut. Um das Jahr 1770 stellte man die Rote Kaserne und 1774 die Balhaus-, Klemens- und Barbarakaserne fertig. 1787/88 erschien auf dem Bürgerwerder ein weiterer, gewaltiger Kasernenkomplex. Infolge des Ausbaus der Befestigungen war 1777 einer der Bürgerschießstände im Bereich der Salzgasse (ul. Wojciecha Cybulskiego) auf den sog. Sandberg nordwestlich der Schützenstraße (ul. Łowiecka) verlegt worden.

38 Zimmermann 1794: 9.

3. Stadtentwicklung vom 19. bis 21. Jahrhundert

3.1 Stadtentwicklung 1815–1870

Gegen Ende des 18. Jh.s war das von Befestigungsanlagen umschlossene Breslau von einer äußerst dichten Bebauung geprägt, was eine Folge des Bevölkerungswachstums von rund 20.000 im ausgehenden 15 Jh. auf rund 60.000 Einwohner war, wobei sich die bebaute Fläche kaum vergrößert hatte. Die nun eintretenden Änderungen wurden allerdings nicht vom Bedarf an Wohnraum entscheidend beeinflusst, sondern durch den – von den Franzosen angeordneten – Abriss der ausgedehnten Befestigungen nach der Niederlage der vierten Koalition gegen die napoleonischen Truppen (1807). Ein weiterer Faktor war das im Königreich Preußen 1810 in Kraft tretende Säkularisationsedikt, welches die kirchlichen Jurisdiktionsgebiete abschaffte und den kirchlichen Landbesitz der Stadtverwaltung unterstellte. Diese radikale Maßnahme war Teil der breit angelegten Reformagenda, die nach dem verlorenen Krieg gegen Frankreich aufgeklärte preußische Reformer aus dem Umfeld des Kanzlers Karl August von Hardenberg und des Ministers Heinrich Friedrich Freiherr vom Stein ausgearbeitet hatten, wobei Preußen zwar eine absolute Monarchie bleiben, doch die Effizienz des Staates und seiner Glieder gestärkt werden sollte. Es war ein Schritt der – mit anderen zusammen – in der Historiografie später als „Modernisierung" bezeichnet wurde. Ein Element dieser tiefgreifenden Reformen war die Städteordnung für die Preußischen Staaten von 1808 (Stein'sche Städteordnung), welche die Selbstverwaltung der Städte zum Ziel hatte. Speziell für Breslau war die Verlegung der protestantischen Universität aus Frankfurt an der Oder nach Breslau und ihre Zusammenlegung mit der katholischen Leopoldinischen Akademie von großer Bedeutung. Die der Universitätsbibliothek zugeführten Buchsammlungen der Breslauer katholischen Klöster bereicherten die Bestände der 1811 neugegründeten schlesischen Friedrich-Wilhelms-Universität erheblich. Nach Schleifung der Befestigungsanlagen entstand im gleichen Jahr der botanische Garten der Universität.

Als 1819 das preußische Innenministerium den Bau einer zentralen, für alle Juden zugänglichen Synagoge und die Schließung der kleinen, behördlich nicht genehmigten Gebetshäuser verlangte, wurde von 1827 bis 1829 an der Wallstraße (ul. Pawła Włodkowica) nach einem Entwurf des Architekten Carl Ferdinand Langhans die Synagoge zum Weißen Storch errichtet, die zunächst dem liberalen Judentum diente.

Zu dieser Zeit begannen in der Stadt weitere jüdische – darunter auch soziale – Institutionen und Vereine tätig zu werden. Dazu gehörten der Israelitische Lehr- und Leseverein (1842) und mehrere Einrichtungen der Fraenckel'schen Stiftung, wie das Israelitische Zuflucht-Haus (1852) und die Fraenckel'sche Stiftung zur Beförderung der Künste und Handwerke unter den Juden (1856).[39] Die Stiftung gründete im Jahr 1854 in Breslau das erste Jüdisch-Theologische Seminar im deutschsprachigen Raum, das als Vorbild für ähnliche Institutionen in Budapest und Wien diente. Dieses größte Seminar im Deutschen Reich wurde 1938 von den Nationalsozialisten geschlossen.[40]

Mit der Verwaltungsreform von 1808 wurden die bisherigen Vorstädte (Oder-, Nikolai-, Sand-, Ohlauer und Schweidnitzer Vorstadt) eingemeindet, die in preußischer Zeit mit zahlreichen gemauerten Gebäuden stark angewachsen waren.[41] Vor der Eingemeindung zählte die Stadt 57.743 Einwohner auf 350 ha, nun kam eine Fläche von 1698 ha mit 13.858 Einwohnern hinzu.[42] Es folgte eine rasche Zunahme der Bevölkerung, die im Jahr 1829 bereits 90.020 erreichte.

Nach der durch die Franzosen 1807 veranlassten und dann bis 1856 dauernden Schleifung der Befestigungsanlagen erfolgte die planmäßige städtische Entwicklung

39 Harasimowicz, Suleja, Smolak (red.) 2006: 1040–1041.
40 Weczerka 1986.
41 Stein 1884: 1.
42 Wendt 1912.

Eine nicht verwirklichte Vision des Hauptgebäudes der Universität mit Universitätskirche des Allerheiligsten Herzens Jesu (ehemaliges Kollegium und Kirche der Jesuiten) von Nordosten, um 1760

Stadtteilansicht von Breslau, Friedrich Salathé, um 1825
Die Vogelschau vom Turm der Kreuzkirche ermöglicht einen einzigartigen Blick auf Alt- und Neustadt,, eingerahmt von Dom und Sandkirche.

von 1813 an unter dem Stadtbaurat Johann Friedrich Knorr. Seinem Plan von 1812, in dem die Abmessungen der Schweidnitzer Straße (ul. Świdnicka) und des Tauentzienplatzes (heute pl. generała Tadeusza Kościuszki) in einer für die damaligen Begriffe übergroßen Ausdehnung festgelegt wurden, ist zum großen Teil die zügige Entwicklung der Südvorstadt zuzuschreiben.[43]
Der Bereich der ehemaligen Festung wurde mit den neuerschlossenen Stadtteilen verbunden, indem die alten Wallgrabenbrücken ausgebaut bzw. neue Brücken errichtet wurden. Eine Brücke auf der Strecke nach Süden entstand im Jahr 1813, die Königsbrücke im Westen wurde 1822 erbaut. Die Brücken in der Verlängerung der Graupenstraße (ul. Krupnicza) und der Neuen Taschenstraße (heute ul. Hugona Kołłątaja), die zum Bahnhof der Oberschlesischen Eisenbahn führten, entstanden dagegen erst in der zweiten Hälfte des 19. Jh.s.
Das Abtragen der alten Befestigungsanlagen ermöglichte eine weitere, einschneidende Umgestaltung der Stadt: Auf dem Areal der ehemaligen Erdbastionen entstand ab 1810 eine 3,5 km lange und 20–150 m breite Promenade, die sich als Ring um die südliche Altstadt legte.[44] Entlang des attraktiven Grüngürtels erschienen bald wichtige öffentliche Gebäude und Wohnhäuser. Der städtische Grüngürtel umfasste auch den Hügel mit der Taschenbastion, der in einen Aussichtspunkt – Liebichshöhe – umgewandelt wurde (heute Wzgórze Partyzantów = Partisanenhöhe) mit einem Ausblick auf den Zobtenberg. Der südliche Teil der Promenade war gleichzeitig das Bindeglied zwischen der mittelalterlichen Stadtmitte und der neuen Schweidnitzer Vorstadt, in der wohlhabende Bürger nach und nach stattliche Villen errichten ließen. An der Außenseite der Promenade, am Schweidnitzer Stadtgraben (Podwale), entstand eine geschlossene Bebauung mit repräsentativen Mietshäusern. Dieser Prozess begann 1841 südöstlich der Promenade mit der Anlage des nördlichen Abschnitts der Bahnhofsstraße (ul. Dworcowa). Weitere Entwicklungsimpulse für diesen Stadtteil gingen von der Parzellierung des Geländes rund um den Bahnhof der Oberschlesischen Eisenbahn aus, der 1842 in der Schweidnitzer Vorstadt angelegt wurde. Der rasche Ausbau des Eisenbahnnetzes führte dazu, dass der Jüdische Friedhof zwischen der Claßenstraße (heute ul. Gwarna) und der Bahnhofstraße (ul. Dworcowa) 1856 aufgegeben werden musste.[45]

43 Konwiarz 1921: 20.
44 Bińkowska 2006.
45 Markgraf 1896: 12.

Nachdem die Befestigungsanlagen abgetragen waren, ließ der Stadtrat mehrere repräsentative Plätze anlegen: Der Tauentzienplatz (heute pl. T. Kościuszki) in der Schweidnitzer Vorstadt wurde um das 1795 errichtete Denkmal des Generals Friedrich Bogislav von Tauentzien nach einem Projekt des französischen Ingenieurs Ange François Blein gestaltet.[46] Der zweite repräsentative Platz – der Königsplatz (pl. Jana Pawła II) – entstand zwischen 1812 und 1820 auf einem breiten Geländestreifen, der ebenfalls durch den Abriss der Befestigungen frei geworden war. Die Bedeutung dieses öffentlichen Ortes wurde durch die moderne Königsbrücke aus dem Stahlwerk in Rudzinitz (Rudziniec) bei Gleiwitz (Gliwice) unterstrichen. Der Exerzierplatz (pl. Wolności) am Wallgraben an der rückwärtigen Seite des Stadtschlosses, der Breslauer Residenz der Hohenzollern-Könige, dienten politischen und militärischen Zwecken. Später wurde er in die Bauten des Schlossensembles einbezogen.
Das Gelände der ehemaligen, westlich der Oder gelegenen Friedhöfe der Garnison wandelte sich allmählich zum ersten Industrieviertel Breslaus.[47] Dort befanden sich bereits im Jahr 1818 die erste Silberwarenfabrik und 1832 die Maschinenbauanstalt Breslau von Gustav Heinrich Ruffer, die im Jahr 1897 von der Wagenbauanstalt Gottfried Linke übernommen wurde. Das 1839 gegründete Unternehmen nahm später den Namen Linke-Hofmann-Werke an und wurde zum wichtigsten Industriebetrieb der Stadt sowie zu einem der führenden deutschen Hersteller von Straßenbahnen und anderen Schienenfahrzeugen. Noch jahrzehntelang, auch über den Zweiten Weltkrieg hinaus, stellten diese Werke als Pafawag (Państwowa Fabryka Wagonów, jetzt Bombardier Transportation Polska) das Kernstück der Breslauer Industrie dar.
Die geringsten Veränderungen in der ersten Hälfte des 19. Jh.s erfuhr das Straßennetz der ehemaligen Ohlauer Vorstadt, die sich um die alte Straße nach Kleinpolen herausgebildet hatte, und gleich der Nikolai-Vorstadt während der Belagerung durch die französische Armee im Jahr 1808 in Schutt und Asche gelegt wurde. Dank zahlreicher Gaststätten und Gärten diente die Ohlauer Vorstadt im frühen 19. Jh. als Naherholungsgebiet.[48] Gleichzeitig wuchs jedoch ihre Bedeutung als Industrieviertel, da die Ohlauer Vorstadt einen guten Zugang zur Ohle und ihrer Wasserkraft bot. An der Klosterstraße (heute ul. Romualda Traugutta) befand sich eine Eisengießerei,

46 Markgraf 1915; Zabłocka-Kos 2006: 35.
47 Eysymontt, Krzywka 2002: 23–51.
48 Roland 1840: 435.

Blick auf Breslau von Norden, um 1780

seit 1844 die Hofmann, Ernst & Co. Eisengießerei und Maschinenbauanstalt, und 1839–1847 die Kattundruckerei von Eduard Berger. In der Nachbarschaft gab es die bereits 1809 gegründete Kattundruckerei von Carl Milde, die später zur Baumwollspinnerei und -weberei erweitert wurde. Kleinere Betriebe arbeiteten inmitten der Mietshäuserbebauung, die in der zweiten Hälfte des 19. Jh.s entstand. Dazu gehörten die Kornbrennerei von Carl Schirdewan, eine Fahrrad- und eine Papierfabrik in der Tauentzienstraße (ul. T. Kościuszki).[49]

Auch die Odervorstadt galt zu Beginn des 19. Jh.s als ein Kleingarten- und Gasthausviertel.[50] In der Nähe des neuen Bürgerschießstands wurden die ersten Vorstadtparks Breslaus angelegt. Das Gebiet am Oderkronwerk (heute ul. Pomorska) gehörte um 1800 dem Kommunalinspektor Heinrich Friedrich Ludwig Senfft von Pilsach, der hier einen Garten angelegt hatte, welcher während der Belagerung von Breslau an der Jahreswende 1806/07 zerstört wurde. 1813 entstand an dieser Stelle auf Betreiben des Baurats Knorr und des Bankiers Moritz Eichborn die erste Grünanlage im englischen Stil. Diese nun städtische Fläche wurde 1816 als öffentlicher Park freigegeben, und das Wäldchen hat sich bald als ein beliebtes Naherholungsziel für die Bewohner der Altstadt etabliert.[51]

1841 begann die Oberschlesische Eisenbahn AG eine Gleisstrecke von Breslau nach Oberschlesien zu bauen. Diese Verbindung sollte nicht nur dem Personenverkehr, sondern auch dem Steinkohletransport aus dem oberschlesischen Revier dienen. 1842 waren zunächst die Teilstücke bis Ohlau, dann bis Brieg (Brzeg) eröffnet. In den Jahren 1855 bis 1857 erhielt diese Bahnlinie in Breslau einen neuen Bahnhof. Das Empfangsgebäude im Neu-Tudorstil an der Gartenstraße (heute ul. Józefa Piłsudskiego) entstand nach einem Projekt von Wilhelm Grapow. In Richtung Westen errichtete die Niederschlesisch-Märkische Eisenbahn eine Gleisverbindung von Breslau nach Berlin. Diese beiden wichtigen Strecken wurden 1846 vollendet. In den folgenden Jahren kamen weitere Verbindungen hinzu, so etwa 1856 die Strecke von Breslau nach Posen; von dort aus gab es weiterführende Strecken nach Stettin (Szczecin), Bromberg (Bydgoszcz) und Danzig (Gdańsk). Diese Eisenbahnlinien hatten nicht allein wirtschaftliche, sondern auch militärische Bedeutung. Sie stellten die kürzeste Verbindung zwischen den wichtigsten Industriegebieten und ihren Großstädten her und ermöglichten der preußischen Armee rasche militärische Bewegungen von einem in den anderen Landesteil Preußens und zwischen den Festungen wie etwa Posen oder Glogau (Głogów).

Die Verbindung in Richtung des Sudetenvorlands stellte die Breslau-Schweidnitz-Freiburger Eisenbahn bereit, die 1843 den Personen- und 1844 den Güterverkehr aufnahm. 1853 wurde die Strecke bis nach Waldenburg (Wałbrzych) verlängert. Damit erhielt die

49 Ysselstein 1866; Frymark 1940.
50 Kononowicz 2014: 21–22.
51 Bińkowska 1991: 107–108.

Dominsel von Westen, 1887

Freiburger Bahnhof am Elferplatz (heute pl. Orląt Lwowskich), 1926

Bahnhof der Niederschlesisch-Märkischen Eisenbahn am Elferplatz (heute pl. Orląt Lwowskich), um 1850
In der ersten Hälfte des 20. Jh.s verlor er an Bedeutung zugunsten des nahegelegenen Freiburger Bahnhofs. Der Personenverkehr wurde eingestellt und das Gebäude teilweise abgerissen. Nach dem Zweiten Weltkrieg wurde auch der Warenverkehr eingestellt und die Gleisanlagen demontiert.

Plan von Breslau, mit Einschluss der früheren Ortschaften, S. Lilienfeld, 1:8.000, 1885 (verkleinert)
Anhand der farblich hervorgehobenen Eisenbahnanlagen verdeutlicht der Plan die Bedeutung der Verkehrsinfrastruktur für die wachsende Stadt im 19. Jh. Die Eisenbahn ermöglichte eine rasche Lieferung der Steinkohle, v. a. aus Oberschlesien, für die Breslauer Industriebetriebe und konnte die Erzeugnisse der Industrie auch in entfernte Absatzmärkte bringen. Der Personenverkehr ermöglichte eine bis dahin kaum vorstellbare Mobilität.

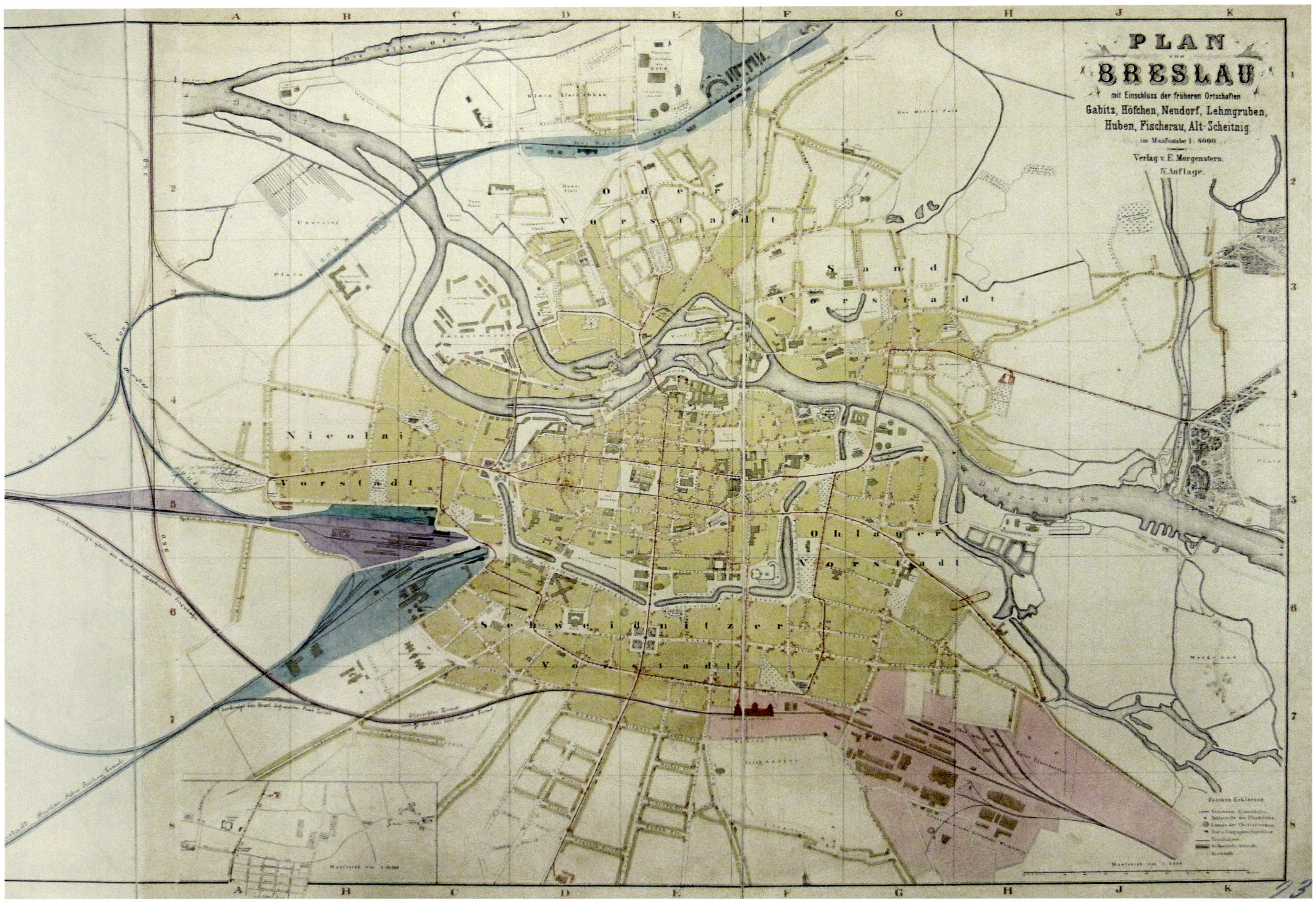

schlesische Hauptstadt eine Verkehrsanbindung an das zweite Industrierevier Schlesiens. Eigens für diese Bahnlinie wurde in den Jahren von 1868 bis 1874 in Breslau der Freiburger Bahnhof am Elferplatz (heute pl. Orląt Lwowskich) angelegt. Das Empfangsgebäude und die dazugehörige Verkehrsinfrastruktur bestehen bis heute, haben seit 1991 allerdings nicht mehr ihre ursprüngliche Funktion. Zurzeit befindet sich hier ein Theater und ein Handels- und Dienstleistungszentrum. Die Diskussion von Stadtrat, Stadtplanern und Architekten über die Zukunft des insgesamt 28 ha großen Geländes dauert an, wobei selbst eine Wiederaufnahme des Bahnbetriebs nicht ausgeschlossen ist.

Im Zuge der Verstädterung der ehemaligen Vorstädte wurden die Verkehrswege begradigt, am Straßenrand Entwässerungsgräben angelegt und mit Baumreihen bepflanzt; sie erscheinen bereits auf der Karte von 1826 (siehe S. 46–47) als gradlinige Ausfallstraßen. Nach 1850 legten private Bauunternehmer an diesen Ausfallstraßen Querstraßen an und ließen sie alsbald bebauen.[52]

In einigen Vierteln außerhalb der früheren Stadtmauern, wie im Bereich der Großen Dreilindengasse (ul. Ptasia), der Schießwerderstraße (ul. Kurkowa) und um die Elftausend-Jungfrauen-Kirche (heute Kirche zum Schutz des hl. Josef), blieben trotz der in der zweiten Hälfte des 19. Jh.s durchgeführten regelmäßigen Parzellierung Teile der alten Grundrisse erhalten.

Bis Mitte des 19. Jh.s gab es keine Bebauungspläne, und die Parzellierung der Vorstädte hatte einen mit Blick auf Grundstücksmarkt und -wert weitgehend spekulativen Charakter. Erst 1851 erzwang der ungebremste Bauboom eine grundlegende Novellierung der bislang geltenden Bauordnung von 1605.[53] 1856 entstanden erste städtebauliche Entwürfe für die sich am schnellsten entwickelnden südlichen Vorstadtgebiete. Doch erst auf Druck der Regierung, die eine verbindliche Vorlage für die Stadtentwicklung verlangte, beauftragte die Stadt Moritz Sadebeck, einen exakten Vermessungsplan des Geländes außerhalb der Altstadt anzufertigen, der von 1866 an als Grundlage für die Ausarbeitung detaillierter Bebauungspläne diente.[54]

Weitere, in den Jahren von 1856 bis 1868 vorgenommene Eingemeindungen (vgl. Karte S. 27) im Süden bis zur Linie der Kürassierstraße (al. gen. Józefa Hallera) und der östlich der Stadt gelegenen Ortschaft Alt Scheitnig (Stare Szczytniki) führten zu einer Zunahme der Stadtfläche um rund 10 km². Die Bevölkerungszahl überschritt im Jahr 1870 die 200.000-Marke.

Zuckerraffinerie auf dem Bürgerwerder, ca. 1830

Plan von Breslau mit den neuesten Veränderungen, Adolf Pusch, 1 : 9.600, 1843 (verkleinert)
Während der zentrale Stadtplan die städtebauliche Entwicklung Breslaus in der ersten Hälfte des 19. Jh.s aufgreift, zeigen die 18 Randansichten neben moderner öffentlicher Bautätigkeit v. a. historische Baudenkmäler.

52 Eysymontt, Krzywka 2003: 294–299.

53 Vgl. Berger 1926.

54 Zabłocka-Kos 2001: 25.

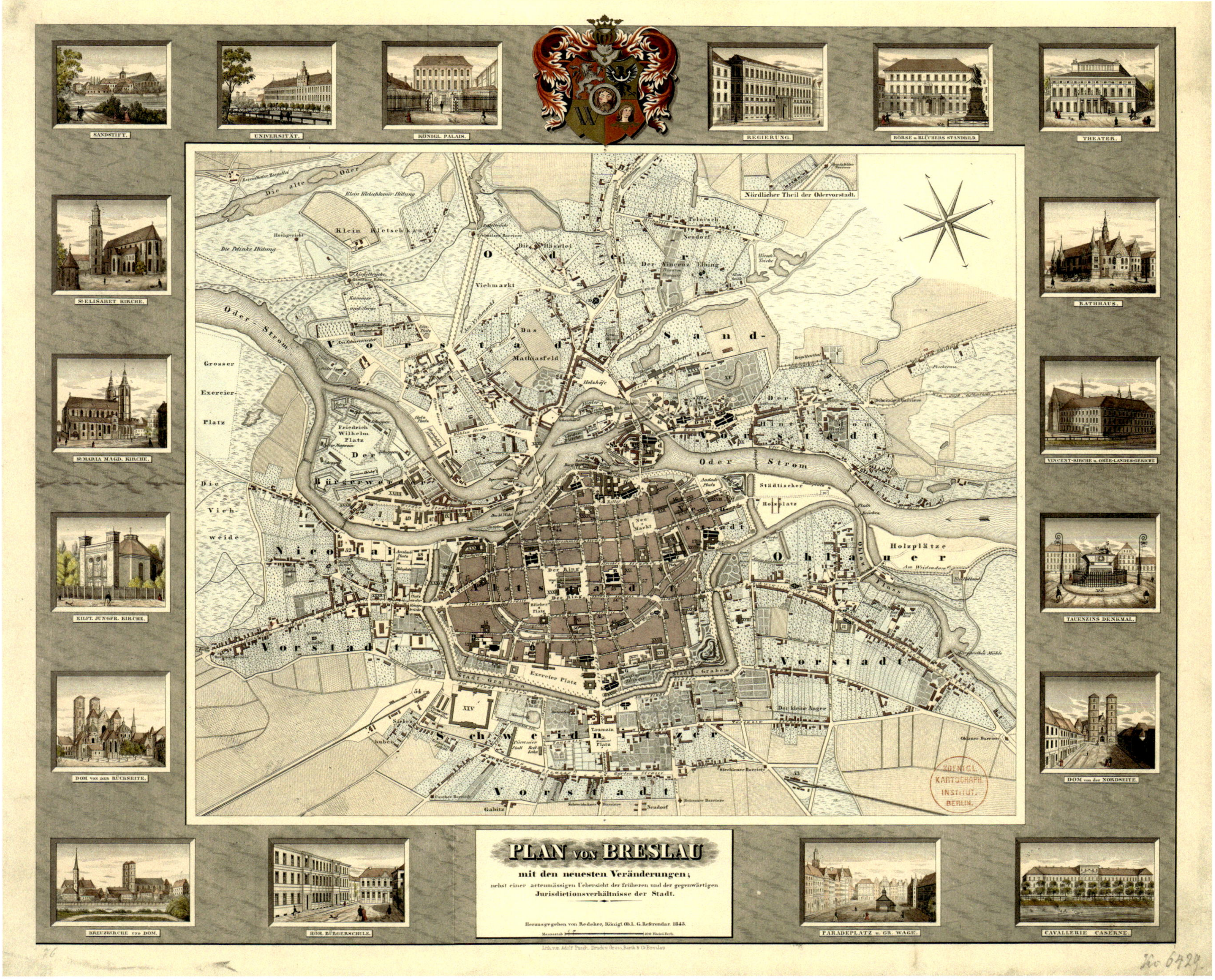

3.2 Stadtentwicklung 1871–1918

Im Zuge der in weiten Teilen Europas und nicht zuletzt in Preußen rasch fortschreitenden Industrialisierung und der damit einhergehenden Landflucht verdoppelte sich zwischen 1877 und 1909 auch die Bevölkerung Breslaus von rund 250.000 auf 500.000 Einwohner. Zu den brennenden Fragen in dieser dichtbevölkerten Stadt, die mit den begleitenden städtebaulichen und sozialen Problemen zu kämpfen hatte, gehörten um die Jahrhundertwende somit die Schaffung neuen Wohnraums und einer das rapide Wachstum bewältigenden kommunalen Infrastruktur.[55]

Die nach Breslau eingemeindeten Stadtteile wurden bald mit Mietshäusern bebaut. Im Jahr 1897 konnte die Stadt dank der Initiative des Kaufmanns Julius Schottländer, dem wohlhabendsten Breslauer und dem einzigen jüdischen Majoratsherrn (Großgrundbesitzer) in Preußen, ein weiteres Mal erweitert werden: um die Siedlung Kleinburg (Borek) aus dem damaligen Amtsbezirk Klettendorf (Klecina), wo sich seit 1872 ein Villenviertel im Aufbau befand, sowie um Pöpelwitz (Popowice) und um einen Teil des Gutsbezirks Cawalle (Kowale). Im Jahr 1911 kam der bereits weitgehend mit Mietshäusern bebaute Vorort Gräbschen (Grabiszyn) hinzu. Mit dieser Welle von Eingemeindungen im letzten Jahrzehnt des 19. Jh.s und zu Beginn des 20. Jh.s (siehe Karte S. 27), die zur Erstellung neuer Planungsgrundlagen führte, vergrößerte sich das Stadtgebiet von 3.093 ha auf 4.920 ha.

Eine besondere Rolle im Stadtbild von Breslau spielten im 19. Jh. die natürlichen Gegebenheiten, die in den Flussläufen und der Lage von alten Verkehrswegen sichtbar waren. Ihre Überreste sind noch heute im Verlauf einiger Straßen erkennbar, wie in der früheren Rosenthaler Straße (ul. Pomorska), Hubenstraße (ul. Hubska) oder Bohrauer Straße (ul. Borowska), oder an städtischen Fluren wie dem Matthiasfeld (Pole Maciejowskie). Im Bereich der Flussauen erscheinen im frühen 19. Jh. Parkanlagen (Scheitniger Park, Schlosspark in Deutsch Lissa und Ostpark). Neben Parkanlagen, welche die natürlichen Gegebenheiten der Landschaft aufnahmen, wurden auch vollständig neue Grünanlagen geschaffen, wie etwa die Rennbahn in Hartlieb (Partynice), der Park in Pilsnitz (Pilczyce) und der Südpark, der auf einem weitläufigen Gelände entstand, das Julius Schottländer im Jahr 1877 der Stadt geschenkt hatte.

Während des 19. Jh.s entwickelte sich Breslau zu einem wichtigen Industriezentrum. Auch dies wurde durch die preußischen Reformen begünstigt, zu denen die Abschaffung des Zunftzwangs von 1810/11 zählte. Im Laufe der Zeit nahm die Produktion der Metall- und Maschinenindustrie immer mehr zu; die seit dem Mittelalter in der Stadt herausragende Bedeutung der schlesischen Lein- und Wollweberei ging dagegen stetig zurück.[56] 1907 arbeiteten in der Bekleidungsindustrie noch 36,7 %, in der Metallindustrie und dem Maschinenbau 25,4 % und in der Lebensmittelindustrie 12,7 % der Beschäftigten.[57] Diese Verteilung sollte sich in den 1930er Jahren noch ändern.

Die ständig anwachsende Stadt unternahm zahlreiche notwendige Investitionen sowohl in den Bedarf der Industrie als auch der Bewohner. 1840 wurde ein erster Linienverkehr mit Pferdewagen eröffnet, dem 1877

55 Beelitz, Förster 2006: 8.

56 Fischer 1938.
57 Harasimowicz, Suleja, Smolak (red.) 2006: 725–728.

→
Neuester Plan von Breslau, Oscar Brunn, 1:7.150, 1893 (verkleinert)
Die parzellenscharfe Darstellung der ehemaligen Vororte zeigt ihre bauliche Entwicklung. In einem breiten Ring um die Innenstadt bildeten sich bereits geschlossene Straßenfronten. Hervorgehoben sind die markantesten öffentlichen Gebäude in den Vorstädten.

↘
Plan von der Königlichen Haupt- und Residenz-Stadt Breslau, 1:15.000, 1900 (verkleinert)
Die elektrische Straßenbahn bediente 1898 drei Linien und verdrängte bald den Pferdebahnverkehr.

Leinwandhaus, 1903
Der bauliche Zustand des alten Leinwandhauses spiegelt die Lage der zuvor bedeutenden Leinweberei wider.

Sammelbild von Breslau, um 1860
Das Bild der Stadt aus der Perspektive der Oder und die umrahmenden Ansichten stellen einen Gegenentwurf zu dem Plan von 1843 (s. S. 19) dar. Um die idyllische Stadtansicht in der Mitte werden mehrheitlich moderne Bauten und Denkmäler dargestellt.

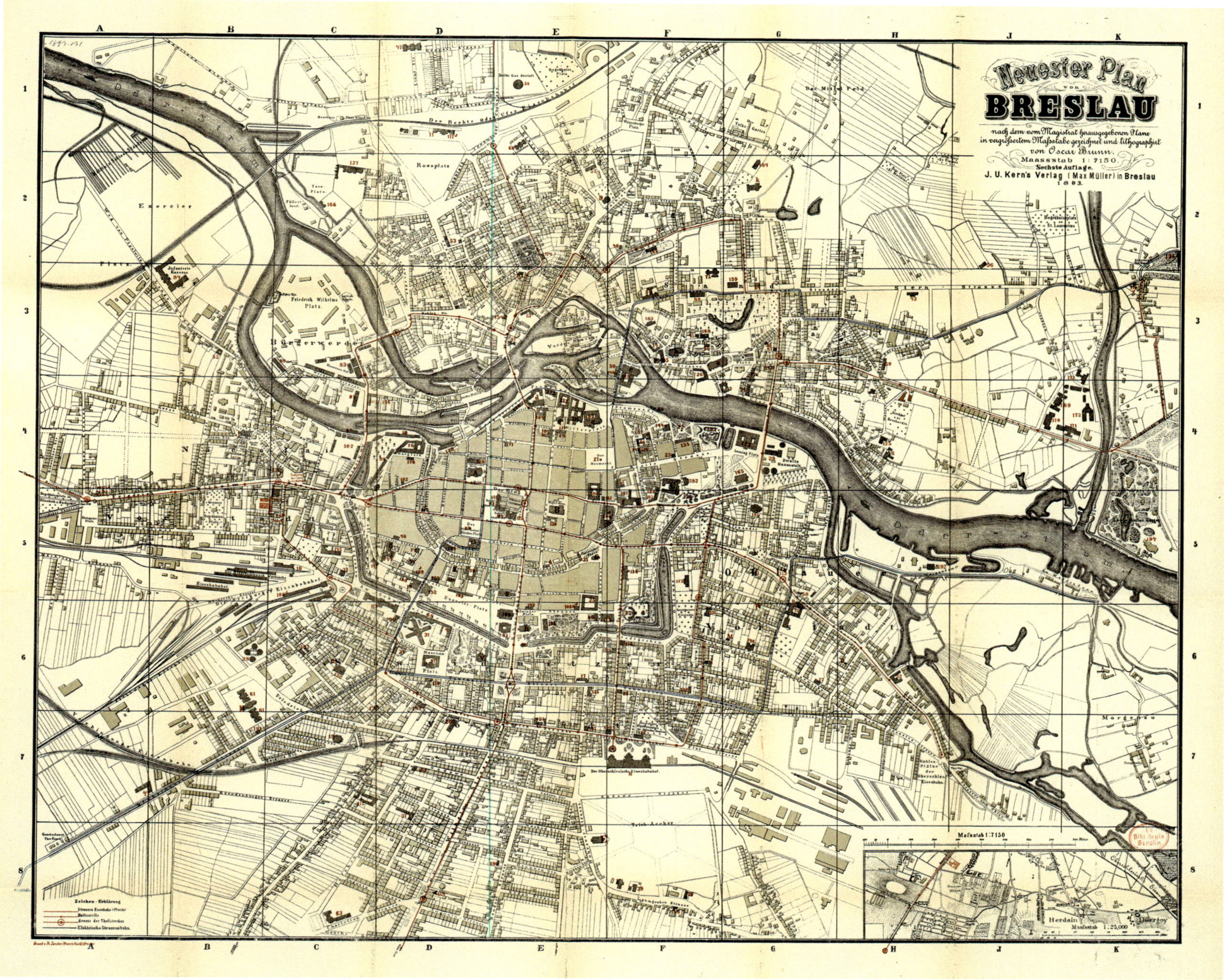
Neuester Plan
von
BRESLAU
nach dem vom Magistrat herausgegebenen Plane
in vergrösserten Massstabe gezeichnet und lithographirt
von Oscar Brunn.
Maassstab 1:7150.
Sechste Auflage.
J. U. Kern's Verlag (Max Müller) in Breslau
1893.
Maassstab 1:25,000
Herdain
Dürrgoy

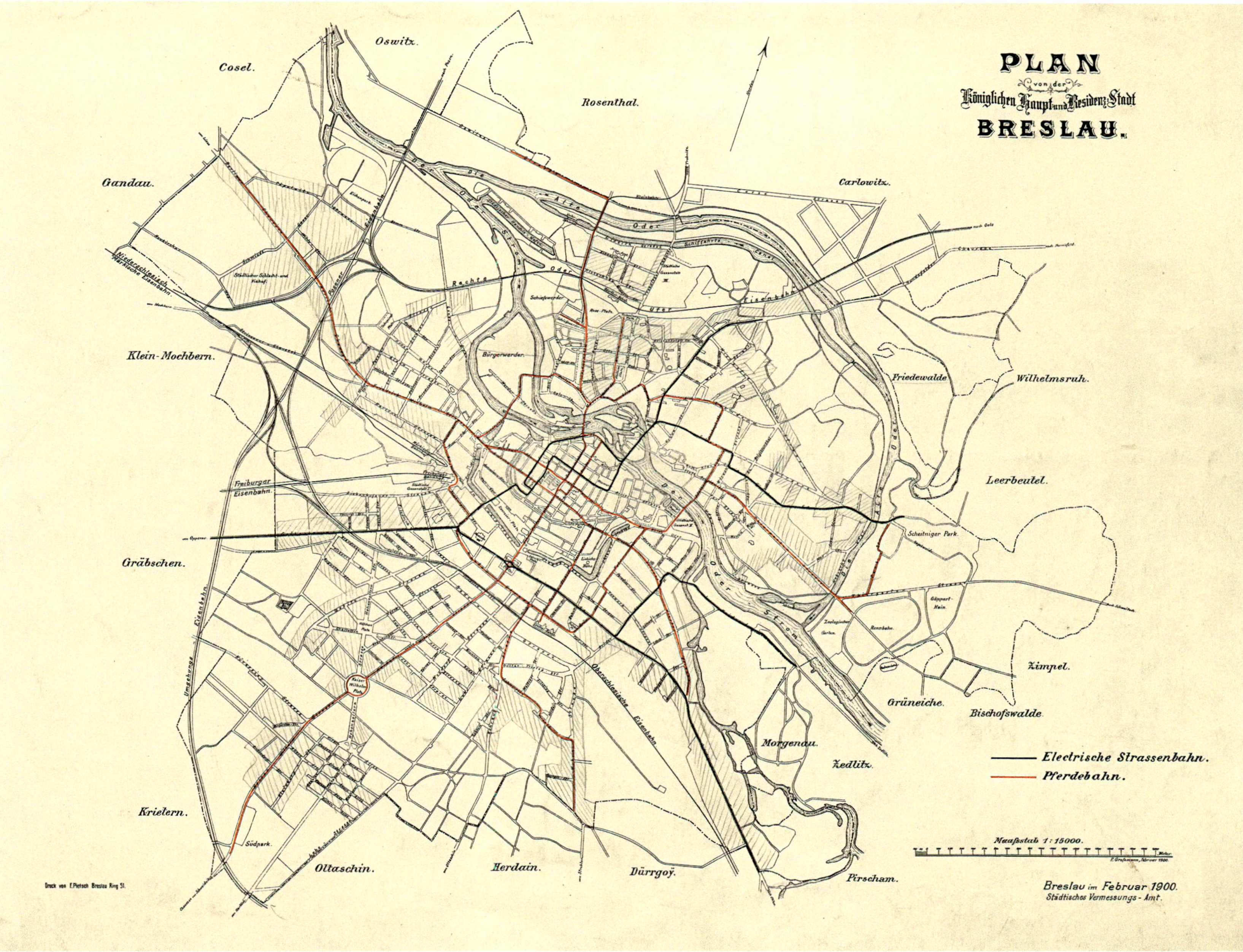
PLAN
von der
Königlichen Haupt- und Residenz-Stadt
BRESLAU.
Oswitz.
Cosel.
Rosenthal.
Gandau.
Carlowitz.
Klein-Mochbern.
Friedewalde
Wilhelmsruh.
Leerbeutel.
Gräbschen.
Zimpel.
Grüneiche.
Bischofswalde.
Morgenau.
Zedlitz.
Krietern.
Oltaschin.
Herdain.
Dürrgoy.
Pirscham.
Electrische Strassenbahn.
Pferdebahn.
Maaßstab 1:15000.
Breslau im Februar 1900.
Städtisches Vermessungs-Amt.

eine Pferdebahn folgte, ehe im Jahr 1893 die elektrische Straßenbahn ihren Betrieb aufnahm. Die letzte Pferdebahnlinie wurde 1906 eingestellt. Außerdem waren 1881 die ersten 29 Telefone installiert worden.[58]

Dank der dynamischen Entwicklung seit der Reichsgründung (1871) flossen der Stadt bedeutende Einnahmen zu, die ihr notwendige Investitionen in Anlage und Ausbau der technischen Infrastruktur ermöglichten: Gas-, Wasser- und Stromversorgung sowie Kanalisation, aber auch öffentlicher Nahverkehr und Binnenhäfen sowie Parks und Grünanlagen. Ferner investierte man in Bildung und Forschung sowie in das Gesundheitswesen. Der Handel profitierte von der Errichtung zweier Markthallen.[59] Eine wesentliche Verbesserung der Hygiene hatte u. a. die Entscheidung zur Folge, den noch aus dem Mittelalter stammenden Schlachthof in der Altstadt zu schließen und ihn 1896 durch einen modernen Schlachthof an der Berliner Chaussee (heute ul. Legnicka) zu ersetzen.[60]

Das erste Gaswerk ging bereits 1847 an der Siebenhufener Straße (ul. Tęczowa) in Betrieb, sodass die Beleuchtung der Stadt mit Gaslaternen u. a. auf dem Ring einsetzte. 1891 entstand das erste städtische Elektrizitätswerk, und schon unmittelbar nach der Inbetriebnahme beschloss der Magistrat seinen Ausbau.[61] Die wachsende Nachfrage nach Strom sollte ab 1901 das neue Kraftwerk an der Schützenstraße (ul. Łowiecka) befriedigen. Auch dessen Leistung erwies sich aber bald als unzureichend, sodass bis 1918 der Bau von drei weiteren Elektrizitätswerken erfolgte.

Im Jahr 1871 wurde der Bau des Wasserwerks in der Straße Am Weidendamm (Na Grobli) mit einem großen Wasserturm abgeschlossen. Die Leistung betrug zu Beginn 12.000 m^3/Tag, doch im Jahr 1900 waren es bereits 60.000 m^3. In den folgenden Jahren stieg sie weiter an.[62] Zu den öffentlichen Einrichtungen gehörte auch das schließlich aus vier Gebäuden bestehende Hallenschwimmbad, das zwischen 1897 und 1930 an der Zwingerstraße (ul. Teatralna) erbaut bzw. erweitert wurde.[63]

Nach wiederholten Cholera-Epidemien in den Jahren 1831/32, 1836, 1849, 1853, 1855 und 1866 hob der Ausbau des Wasserversorgungsnetzes das Hygiene- und Gesundheitsniveau von zumindest einem Teil der städtischen Bevölkerung. Bis 1881 wurde darüber hinaus eine Kanalisation im Mischsystem eingeführt. Das Abwasser wurde mittels der Abwasserpumpwerks „Hafen" nordwestlich der Stadt, in der Nähe der Orte Ransern (Rędziny), Weidenhof (Świniary) und Oswitz (Osobowice) abgeführt.

Nach Anlegung der Kanäle auf der Sandinsel und dem Bürgerwerder in den Jahren von 1792 bis 1794 erlangte

58 Harasimowicz, Suleja, Smolak (red.) 2006: 55.
59 Zabłocka-Kos 2001: 26–27.
60 Schlachthof und Viehmarkt zu Breslau 1900.
61 Statistisches Amt der Stadt Breslau 1898 (II): 1–64.

62 Harasimowicz, Suleja, Smolak (red.) 2006: 965.
63 Harasimowicz, Suleja, Smolak (red.) 2006: 60.

Blick auf den Dom, um 1910

Synagoge am Anger, Erwin Oppler, um 1900

Kanalisation von Breslau, 1:15.000, 1919 (verkleinert)

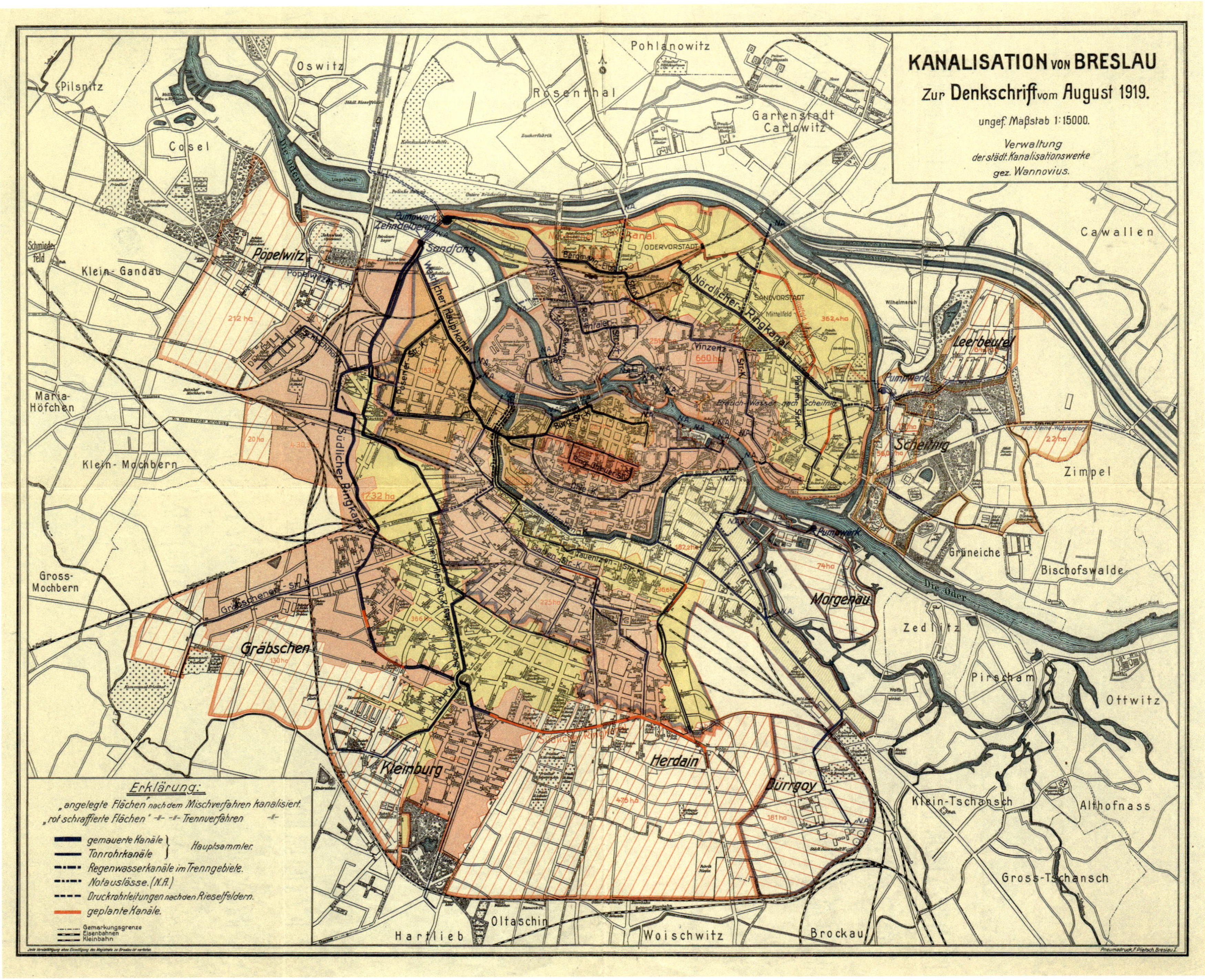

Überschwemmte Kaserne in der Werderstraße (ul. Księcia Witolda) während des verheerenden Hochwassers im Juli 1903

Die bauliche Entwicklung Breslaus in den 29 Jahren 1872 bis 1900, 1 : 10.000, F. Pietsch, 1920 (verkleinert)
Die nach der Reichsgründung prosperierende Wirtschaft stimulierte auch eine besonders dynamische Stadtentwicklung, hier dargestellt in vier farbigen Zeitabschnitten.

Breslau große Bedeutung für die Flussschifffahrt. Im Laufe der Zeit entstand ein System, das heute als Breslauer Wasserknoten bekannt ist, dem im 19. Jh. mehrere Dörfer weichen mussten.

Aufgrund des steigenden Güterverkehrsaufkommens auf dem Wasser und des Beschlusses von 1888 über die Regulierung der Oder flussaufwärts von Kosel (Kozanów) setzte der Bau von modernen Flusshäfen ein. 1888/89 wurde der Hafen in Pöpelwitz erbaut. Von 1897 bis 1901 entstand der Stadthafen in Kletschkau (Kleczków).

Insbesondere in den Sommermonaten war die Stadt von periodischen, jedoch oft verheerenden Überschwemmungen bedroht. Im August 1854 war fast die gesamte Stadt überflutet. Daraus wurden jedoch keine städtebaulichen Konsequenzen gezogen. Eine weitere große Flut ereilte die Stadt im Juli 1903. Zwischen 1913 und 1917 wurden dann entlang des rechten Oderufers zwei parallel geführte Kanäle ausgehoben, um sowohl die Stadt vor Hochwasser zu schützen als auch die Schifffahrt zu verbessern. Der Versand- und der Flutkanal haben eine Länge von je ca. 6 km.[64]

64 Harasimowicz, Suleja, Smolak (red.) 2006: 342–343.

Die Schleifung der Festung beschleunigte den Ausbau der Stadt, doch mangelte es nicht an Absichten, Breslau erneut zu befestigen. Nicht ausgeführt wurden Projekte, die auf den Novemberaufstand von 1830/31 in dem an Schlesien grenzenden Königreich Polen reagierten, das seit den Teilungen Polens am Ende des 18. Jh.s Teil des russischen Zarenreichs war. Im Jahr 1889 beschloss die Regierung die Wiederbefestigung Breslaus, und im Jahr 1904 wurden die Aufgaben der „Festung Breslau" festgelegt. Sie sollte im Fall eines deutsch-russischen Konflikts die Oderbrücken sowie den Eisenbahnknoten schützen und v. a. als Glied einer Festungskette den Einfall feindlicher Truppen ins Landesinnere verhindern. Ihr war zudem die Rolle eines Truppensammelpunkts zugedacht, aus dem ein Gegenangriff in östlicher Richtung ausgeführt werden könnte. Rund um die Stadt wurden zahlreiche Schutzbunker gebaut, die in Friedenszeiten als Lager dienten. Bis 1918 wurden in der Festung mehrere Kasernen errichtet und Magazine untergebracht.[65]

Im Jahr 1904 und abermals 1912 wurden Staffelpläne entwickelt, welche die Intensität der Landnutzung, die Straßenbreite und die Höhe der Häuser festlegten. Das

65 Kolouszek 2014: 111–119.

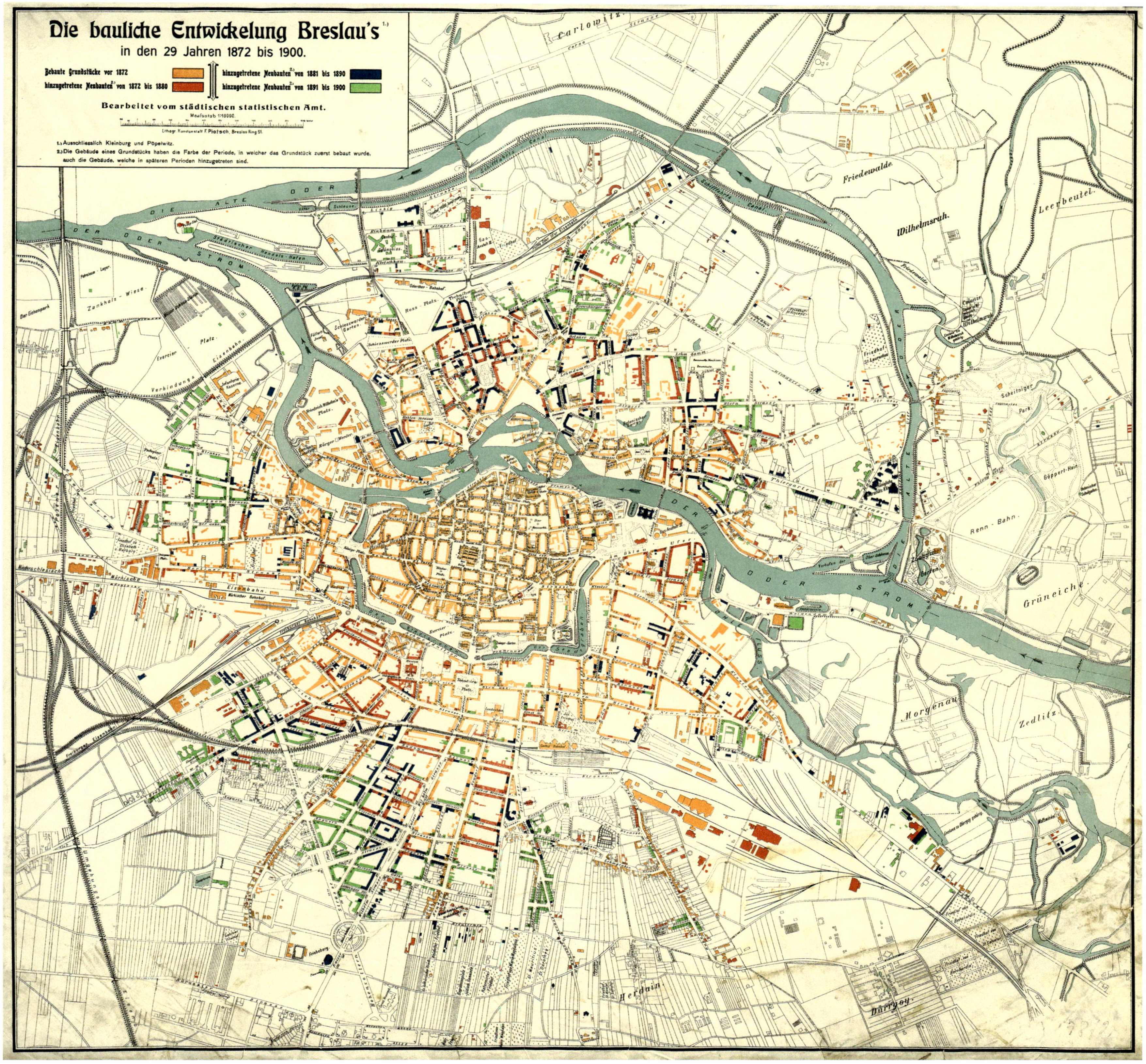

Stadtgebiet mit den angrenzenden Ortschaften wurde in Zonen von mittelhohen und niedrigen Bebauungen unterteilt. Außer in der Altstadt, wo die maximale Gebäudehöhe auf 22 m festgelegt wurde, durfte sie in Krietern (Krzyki), Morgenau (Rakowiec), Wilhelmsruh (Zacisze) und Leerbeutel (Zalesie) und dem Bereich südlich des späteren Hindenburgplatzes (heute pl. Powstańców Śląskich) 15 m nicht überschreiten. Diese Vorgaben regelten die grundsätzliche Aufteilung des urbanen Raumes der Stadt bis in die Zeit nach dem Ende des Zweiten Weltkriegs. Damit wurde zugleich das bisherige Vorgehen aufgegeben, die neueingemeindeten Orte in Bauland für Mehrfamilienhäuser und für Villenbebauung aufzuteilen.

Die Rolle Breslaus als schlesische Metropole wurde unter dem Bürgermeister Georg Bender (1891–1912) weiter gefestigt. Die Altstadt verwandelte sich in eine City, in der sich die wichtigsten Funktionen von lokaler, regionaler und überregionaler Bedeutung konzentrierten: Im Norden überwogen Gebäude für Wohn- und Bildungszwecke, im zentralen Teil dominierten Handel und Dienstleistungen sowie Behörden, während im Süden, der auch die Schweidnitzer Vorstadt umfasste, kulturelle Einrichtungen und eine elegante Wohnbebauung vorherrschten.[66]

1910 wurde östlich des Stadtzentrums die Kaiserbrücke (heute most Grunwaldzki) über die Oder fertiggestellt, die zu einem Wahrzeichen der Stadt geworden ist. Sie verband die Altstadt mit den intensiv urbanisierten Stadtteilen im Osten. Die neue Flussquerung vergrößerte den Bestand an modernen Eisenbrücken über die Oder, die teilweise ältere Vorgängerbauten ersetzten, darunter die Sandbrücke (most Piaskowy, 1861), Universitätsbrücke (most Uniwersytecki, 1869), Lessing-Brücke (most Pokoju, 1875) Gneisenau-Brücke (most Młyński, 1885), Dombrücke (most Tumski, 1888/89), Passbrücke (most Zwierzyniecki, 1897), sowie die südliche und die nördliche Werderbrücke (1904/05 und 1928–1930). Als in der Umgebung Breslaus der neue Binnenhafen angelegt wurde, kam die von 1914 bis 1916 errichtete Hindenburgbrücke (most Warszawski) hinzu.[67]

In der Amtszeit von Stadtbaurat Richard Plüddemann (1885–1909) konzentrierte sich die Stadtverwaltung zudem auf die Errichtung einer Vielzahl öffentlicher Gebäude des Schul-, Verwaltungs-, Finanz- und Postwesens. Diese grundlegende Modernisierung veränderte das an vielen Stellen noch mittelalterlich anmutende Stadtbild hin zu einer Großstadt wilhelminischer Prägung.[68] Eines der interessantesten Gebäude des Jugendstils in Breslau stellte das 1905 am Markt errichtete Kaufhaus der jüdischen Familie Barasch (seit 1946 „Feniks") dar. Damals war es das größte Geschäftshaus der Stadt.

Den Höhepunkt der Stadtentwicklung in der Zeit vor dem Ersten Weltkrieg stellte die Anlage eines ausgedehnten

66 Vgl. allg. Müller 1931; Zabłocka-Kos 2001: 25–26.

67 Łagiewski 1989.

68 Beelitz, Förster 2006: 8.

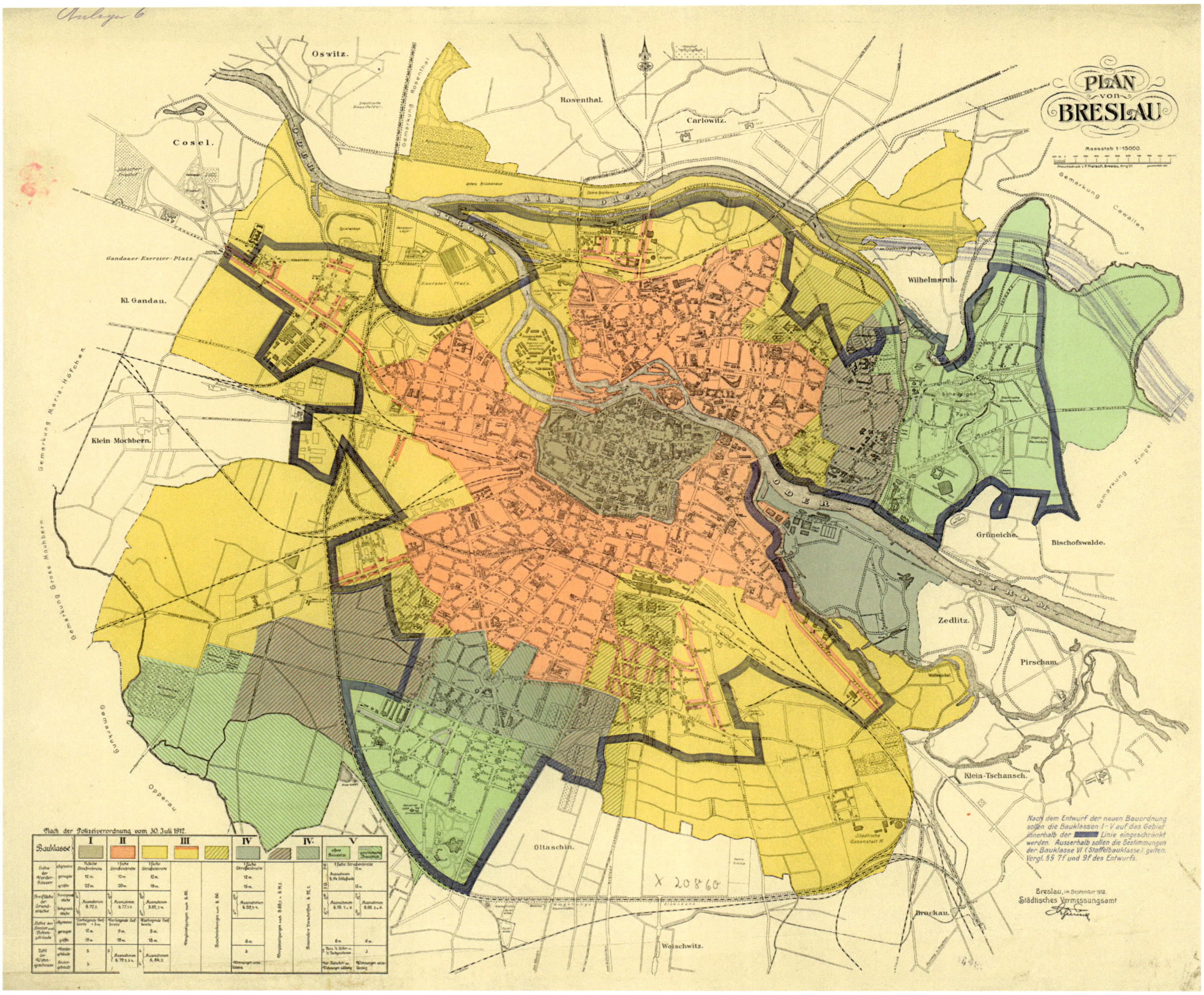

Plan von Breslau, 1 : 15.000, 1912 (verkleinert)
Der amtliche Plan legt nach der Polizeiverordnung fünf Bauklassengebiete für das gesamte Stadtgebiet fest.

Plan des Ausstellungsgeländes in Breslau, 1913
Der Vergnügungspark mit der Jahrhunderthalle in der Mitte dient bis heute zahlreichen öffentlichen Ausstellungen und Veranstaltungen.

Ausstellungsgeländes dar. Im Jahr 1913 entstand es als neuer Mittelpunkt für die zukünftige Entfaltung von Industrie und Gewerbe in Breslau. Entworfen wurde der monumentale Komplex aus verschiedenen Gebäuden von den renommierten Architekten Max Berg und Hans Poelzig. Das Zentrum dieser Anlage stellte die aus Anlass der Jahrhundertfeier der Befreiungskriege errichtete Jahrhunderthalle dar. Kern des Zentralbaus war die mit 67 m Spannweite seinerzeit größte Betonkuppel der Welt.[69]

In einer Stadt mit schnell wachsender Bevölkerung war es notwendig, weitere Friedhöfe auszuweisen. Die größten von ihnen entstanden zwischen 1867 und 1916 in Gräbschen (Grabiszyn) zwischen der Gräbschener Straße (ul. Grabiszyńska) und Kürassierstraße (al. J. Hallera) sowie in Oswitz (Osobowice) an der Oswitzer Straße (ul. Osobowicka).

69 Konwiarz 1921: 22.

Zwischen 1865 und 1872 wurde mit der Synagoge am Anger, am Schweidnitzer Stadtgraben (Podwale), der größte jüdische Tempel der Stadt und zugleich eine der größten Synagogen in ganz Deutschland erbaut. Bis zu ihrer völligen Zerstörung durch die Nationalsozialisten während der Pogromnacht am 9./10. November 1938 diente sie dem liberalen Teil der Gemeinde, während die konservativen Juden die Synagoge zum Weißen Storch übernahmen.[70] Die Breslauer Juden, insbesondere die assimilierten, trugen auf vielfältige Weise zur sozialen, kulturellen und ökonomischen Entwicklung der Stadt bei.[71] Zu den wichtigsten jüdischen Einrichtungen Breslaus in dieser Zeit gehörten das Israelitische Siechenhaus – Arnold und Hermann Schottländer'sche Stiftung (1883), das jüdische Schwesternheim (1903), der Jüdische Frauenbund (1908), das Beate-Guttmann-Heim (1929) und das Israelitische Jugendhaus (1930).[72]

In Breslau befanden sich zwei jüdische Friedhöfe. Der alte Friedhof wurde im Jahr 1856 im Bereich der Kreuzung von Lohestraße (heute ul. Ślężna) und Menzelstraße (ul. Sztabowa) angelegt, der neue im Jahr 1902 zwischen der Pilsnitzer Straße (ul. Pilczycka) und der Flughafenstraße (ul. Lotnicza).

Aufgrund der rasanten Ausdehnung Breslaus in sein Umland im 19. Jh. (vgl. Karte S. 27) hatte die Stadt noch vor dem Ersten Weltkrieg den Beschluss gefasst, die bisherigen sieben Stadtteile (Innere Stadt, Oder-Stadtteil, Sand-Stadtteil, Ohlauer Stadtteil, Strehlener Stadtteil, Schweidnitzer Stadtteil, Nikolai-Stadtteil) in neue Stadtviertel zu unterteilen.[73]

70 Harasimowicz, Suleja, Smolak (red.) 2006: 852–853.
71 Łagiewski 1994.
72 Harasimowicz, Suleja, Smolak (red.) 2006: 1040–1041.
73 Breslauer Statistik 1918: 72–73.

Situationsplan der Schlesischen Gewerbe- und Industrieausstellung in Breslau im Jahre 1881, 1:1.000 (verkleinert)

Saal und Kuppeldach der Jahrhunderthalle, Mitte der 1930er Jahre

3.3 Stadtentwicklung 1919–1945

Die Niederlage der Mittelmächte im Ersten Weltkrieg war für viele Deutsche ein großer Schock, da sie von der militärischen Stärke und Unbesiegbarkeit Deutschlands überzeugt gewesen waren. Hunger und die aufgestauten Entbehrungen der Kriegsjahre führten noch im Jahr 1918 zu einer Revolution und zum Sturz der Monarchie. Die in Weimar begründete Republik (1919–1933) musste sich von Beginn an gegen Unruhen zur Wehr setzen, die der Krise der Nachkriegszeit entsprangen und von Wut und Erbitterung über die Niederlage angefacht wurden. Infolge des Friedens von Versailles (1919) musste das Deutsche Reich Gebiete an seine Nachbarn abtreten, insbesondere im Osten an den wiedererstandenen polnischen Staat. Nach bürgerkriegsähnlichen Auseinandersetzungen und einer Volksabstimmung wurde der östliche Teil Oberschlesiens an Polen angeschlossen. Die Breslauer Wirtschaft, die schon den Zugang zu den lukrativen Handelsmärkten in Russland und Österreich-Ungarn verloren hatte, schwächte die Teilung Oberschlesiens zusätzlich. Unter der Breslauer Arbeiterschaft, die großteils in der Industrie tätig war, ebbte die revolutionäre Stimmung erst mit der Zeit ab.

In den Zwischenkriegsjahren blieb Breslau trotz sozialer Unruhen und einer unsicheren geopolitischen Lage eine bedeutende Metropole. Das 1929/30 von Hermann Dernburg entworfene Wertheim-Warenhaus (heute „Renoma") am Tauentzienplatz (pl. T. Kościuszki), mit sieben oberirdischen und einem unterirdischen Stockwerk sowie Liften und Rolltreppen, zeugte von der anhaltenden Bedeutung der Stadt als Handelszentrum.[74]

Die städtebauliche Entwicklung dieser Zeit war geprägt vom seinerzeit öffentlich viel diskutierten Gedanken einer funktional in Wohn-, Industrie- sowie Geschäfts- und Handelsbereiche gegliederten Stadt, der auch Max Berg anhing. In seiner Amtszeit als Breslauer Stadtbaurat (1909–1925) verfolgte er im Zuge einer Auflösung des urbanen Ballungsraums u. a. die Umsetzung der Gartenstadt-Idee von Ebenezer Howard. Neusiedlungen sollten in Satellitenorten entstehen, die bis zu 30 km vom Zentrum entfernt lagen: in Deutsch Lissa (Leśnica), Obernigk (Oborniki), Zobten am Berge (Sobótka), Klein Silsterwitz (1937–1945 Silingtal, heute Sulistrowiczki), Trebnitz (Trzebnica). Dabei wandte sich Berg gegen den Bau von Mietskasernen, wie sie um die Wende des 19. zum 20. Jh.s vielfach entstanden waren.[75]

Als in den 1920er Jahren die Diskussion um das Für und Wider von Hochhäusern aufkam, setzte sich Berg dafür ein, sie für den Bedarf von Verwaltung und Handel an städtebaulich exponierten Stellen vorzusehen. Aufgrund der großen Wohnungsnot in Breslau, wo nach dem Ersten Weltkrieg 30.000 Wohnungen fehlten, mussten allerdings auf Jahre alle Ressourcen, auch in der Innenstadt, für die Bereitstellung von Wohnraum in Anspruch genommen werden.[76] So hatte Berg zwar verschiedene Wettbewerbsentwürfe für Hochhäuser in Breslau vorgelegt, u. a. für ein Geschäftshaus am Lessingplatz (heute pl. Powstańców Warszawy), ein Verwaltungsgebäude der Stadtwerke, einen Brückenkopf an der Kaiserbrücke, mehrere Hochschulbauten am Oderufer und für ein Verwaltungs- und Geschäftshaus am Ring. Letztlich konnten in Breslau aber nur zwei Hochhausprojekte realisiert werden: das Postscheckamt (heute Museum für Post- und Fernmeldewesen) von Lothar Neumann (1926–1929) und das Sparkassengebäude (heute Bank Zachodni WBK) am Ring von Heinrich Rump (1930–1932).[77]

Auch die geplanten Satellitenstädte ließen sich nicht realisieren. Doch sollten an Breslau angrenzende Gebiete mit einer Fläche von 5.200 ha eingemeindet werden, die weitaus größer waren als die damalige Gesamtfläche der Stadt (4.961 ha im Jahr 1924). Die Eingemeindungspläne umfassten 22 Ortschaften, v. a. nördlich und östlich des Zentrums. Damit ging der Ausbau des Hochwasserschutzes im Umland von Breslau einher, mit dem die 1912 begonnenen Baumaßnahmen am nördlichen Versandkanal weitergeführt wurden.[78] Die Eingemeindungen fanden in drei Etappen statt. In den Jahren 1924, 1925 und 1928 gingen 36 Dörfer oder Ortsteile im Breslauer Stadtgebiet auf, unter ihnen Deutsch Lissa, das in westlicher Richtung am weitesten entfernt war, und Strachte (Strachocin), das am weitesten im Osten der Stadt lag (siehe Karte S. 27).[79] Einige der bereits 1912 geplanten Eingemeindungen wurden erst 1951 vollzogen: von Brockau (Brochów), Oltaschin (Ołtaszyn) und Woischwitz (Wojszyce). Gerade in den neuen Stadtteilen entstanden in den 1920er Jahren Modellhäuser nach den Entwürfen des Stadtplaners Ernst May, der auch durch seine späteren Projekte in Frankfurt am Main, in der Sowjetunion und in mehreren afrikanischen Ländern bekannt wurde und damals in Schlesien u. a. als Leiter der in der ganzen Provinz tätigen Schlesischen Heimstätte Provinzielle Wohnungsfürsorge-Gesellschaft (1919–1921: Schlesisches Heim) wirkte.

Die Stadterweiterung von 1928 war vorerst die letzte von erheblichem Ausmaß. Weitere bedeutende Veränderungen der administrativen Grenzen fanden erst nach dem Zweiten Weltkrieg statt. Die neueingemeindeten Stadtteile wurden nicht nur aufgrund der Tätigkeit privater Investoren, wie es während der früheren Phasen des Mietwohnungsbaus der Fall war, sondern auch durch Investitionen der Siedlungsgesellschaft Breslau und der Schlesischen Heimstätte bebaut. Die von ihnen geplanten Siedlungen auf kommunalem Gelände mussten sich den Zwängen der Wirtschaftlichkeit nicht so sehr beugen, was den Bau von zwei- und zweieinhalbgeschossigen Wohngebäuden ermöglichte, die von Kleingärten und weiten Grünflächen umgeben waren. Solche Siedlungen entstanden im Osten der Stadt, etwa in Bischofswalde und in Zimpel (Sępolno) – von 1919 bis 1935 nach Plänen von Hermann Wahlich – sowie noch außerhalb des damaligen Stadtgebiets in Brockau, wo bereits am Ende des 19. Jh.s der größte Teil einer Eisenbahnersiedlung und in den späten 1920er und in den 1930er Jahren eine an der klassischen Moderne orientierte Siedlung fertiggestellt wurde.

In den Zwischenkriegsjahren wurde auch die Bebauung der Villenviertel verdichtet, und zwar im Stil der Moderne mit sachlich-schlichten und praktisch schmucklosen Bauten, die ganz der deutschen Variante des internationalen Stils – dem Neuen Bauen – entsprachen. An manchen Orten lassen sich beide Bauphasen ausmachen – die ältere, die auf die Zeit vor dem Ersten Weltkrieg zurückgeht, wie auch die spätere aus den 1920er Jahren – wie Am Markt (heute pl. J. Piłsudskiego) in Karlowitz (Karłowice). In den neueingemeindeten Stadtteilen, etwa in Kosel, Klein Tschansch (1937–1945 Klein Ohlewiesen, heute Księże Małe), Pilsnitz und Rosenthal (Różanka), trieb die Siedlungsgesellschaft Breslau den Wohnungsbau für die Mittelschicht voran. Nach der Umwidmung von ausgedehnten landwirtschaftlichen Flächen im Westen, etwa in Masselwitz (Maślice) und in

Hochhausentwürfe, Max Berg, 1920
Am Ring
Am Lessingplatz, von Süden
Am Lessingplatz, von Norden

74 Kirschke, Kirschke 2011.
75 Kononowicz 1995.
76 Berg 1921: 33–33.
77 Beelitz, Förster 2006: 10.
78 Wendt 1912: 84–86.
79 Vgl. Enderwitz 1925: 19–26.

Entwicklungsplan von Breslau, ca. 1:70.000, 1934 (verkleinert)
(Nebenkarte aus: Plan der Hauptstadt Breslau, 1:5.000, 1934)
Der Plan verdeutlicht die Stadtentwicklung von 1261 bis 1933 anhand der Eingemeindungen samt Flächenangaben und der Einwohnerzahlen.

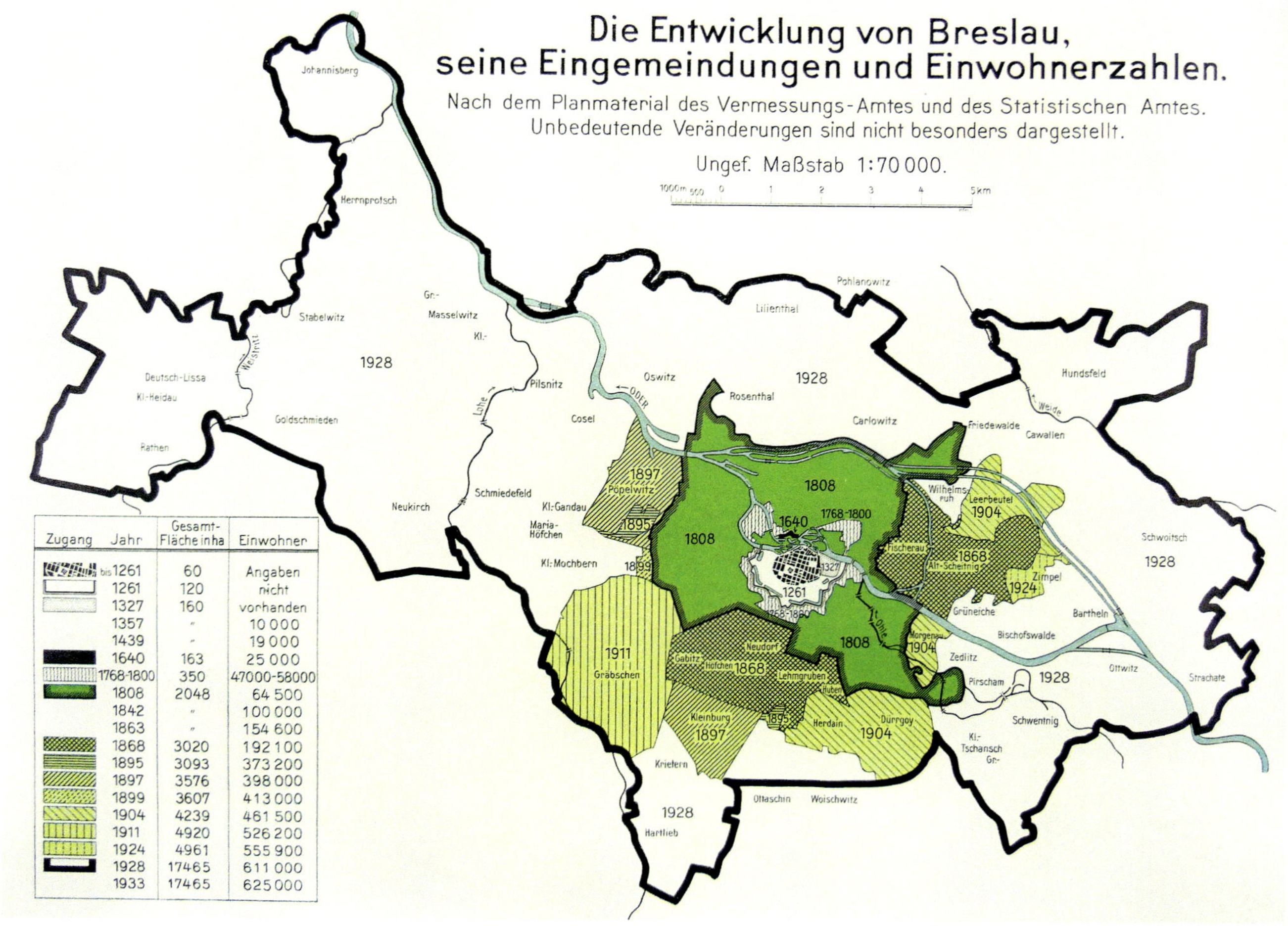

Zugang	Jahr	Gesamt-Fläche in ha	Einwohner
	bis 1261	60	Angaben
	1261	120	nicht
	1327	160	vorhanden
	1357	„	10 000
	1439	„	19 000
	1640	163	25 000
	1768-1800	350	47000-58000
	1808	2048	64 500
	1842	„	100 000
	1863	„	154 600
	1868	3020	192 100
	1895	3093	373 200
	1897	3576	398 000
	1899	3607	413 000
	1904	4239	461 500
	1911	4920	526 200
	1924	4961	555 900
	1928	17465	611 000
	1933	17465	625 000

Goldschmieden (Złotniki), wurden dort Siedlungen für Landarbeiter errichtet. In den späten 1920er und in den 1930er Jahren entstanden auch weiterhin mehrstöckige Mietshäuser, allerdings nicht mehr in Form von individuell gestalteten Gebäuden, sondern als durchgängige, homogene Straßenfront. Gute Beispiele hierfür stellen das großflächige Gebiet nördlich der Kürassierstraße (al. J. Hallera) und die Siedlungen in Pöpelwitz und Tschepine dar. Trotz einheitlicher städtebaulicher Konzeption wirkte die Bebauung in diesen Gebieten keineswegs monoton.

An der Moderne orientierte Gebäudeensembles entstanden an der Graudenzer Straße (ul. Grudziądzka) und der Hundsfelder Straße (heute ul. Bolesława Krzywoustego). Eine avangardistische Formensprache erschien in der Wohnsiedlung Klein Tschansch. Einen indirekten Einfluss übte darauf die Architekturausstellung WUWA (Wohnung und Werkraum) des Breslauer Zweigs des Deutschen Werkbunds aus. Sie wurde auf dem Ausstellungsgelände neben der Jahrhunderthalle wie auch in Form einer modellhaften Wohnsiedlung (Werkbundsiedlung) im benachbarten Stadtteil Grüneiche (Dąbie) auf Betreiben des Breslauer Architekten Heinrich Lauterbach veranstaltet, der dem Schlesischen Werkbund vorstand. Diese gleichermaßen avantgardistische wie an praktischen Erfordernissen ausgerichtete Ausstellung überlebte die Zerstörungen des Zweiten Weltkriegs. Allerdings versteckten sich hinter der modernen Form in vielen Fällen keineswegs luxuriöse Wohnungen. Die Wohnfläche blieb in der Regel unter 40 m². Insbesondere in der Stadtmitte und im Süden entstanden avantgardistische öffentliche Gebäude wie das Kino Deli von Hans Poelzig an der Friedrichstraße (ul. Nasypowa), das im Krieg zerstört wurde, und jenes der Freimaurerloge des Ordens Odd Fellow an der Kürassierstraße (al. J. Hallera) von 1927 (nach 1945 Kino), das Musiktheater Capitol an der Gartenstraße (ul. J. Piłsudskiego) und der Sitz des Generalstabs an der Hardenbergstraße (ul. Bernarda Pretficza) von 1929 sowie das Polizeipräsidium von 1928 und die Pädagogische Akademie von 1932 am Stadtgraben.

Bereits in den frühen 1930er Jahren standen avantgardistische Entwürfe im Wettbewerb mit zweckorientiertem Sozialwohnungsbau. Von 1933 an setzten sich die Nationalsozialisten für die Realisierung ihrer Wahlversprechen im sozialen Bereich ein, was u. a. in verstärktem Wohnungsbau im unteren Mietsegment Ausdruck fand. Zugleich lehnten sie aus ideologischen Gründen als „schädlich" angesehene architektonische Experimente ab. Dessen ungeachtet entstanden in Breslau auch während der NS-Zeit bemerkenswerte öffentliche Gebäude wie beispielsweise der monumentale neue Sitz des Regierungsbezirks (heute Woiwodschaftsamt) am Lessingplatz (pl. Powstańców Warszawy) von 1937.

Die beiden ersten Hochhäuser Breslaus
Postscheckamt (heute Museum für Post- und Fernmeldewesen), 1932
Städtische Sparkasse (heute Bank Zachodni WBK), 1931

Der in Breslau zusammenlaufende Verkehrsknoten unterstrich mehr denn je die Bedeutung der Stadt. Die regulierte und schiffbare Oder wurde als Verkehrsweg für den Warentransport nach Norden und nach Süden genutzt. Für die Abwicklung des Warenverkehrs auf dem Wasser sorgten in der Stadt drei Häfen: Breslau-Stadt, Kletschkau und Pöpelwitz. Durch ein Kanalnetz wurden Waren auch in andere Teile Deutschlands verfrachtet – bis zum Nordseehafen Hamburg. Zu Beginn der 1930er Jahre entstand ein Industriegebiet in Friedwalde (Mirowiec), das auch eine Flusswerft umfasste.

Von Breslau aus gingen Bahnstrecken in alle Himmelsrichtungen, die u. a. das Oberschlesische Industrierevier mit Berlin und mit dem Ostseehafen Stettin verbanden. Der Luftverkehr wurde über den zwischen 1925 und 1930 erbauten Flughafen in Klein Gandau (Gądów Mały) abgewickelt. Von 1925 an gab es regelmäßige Flugverbindungen nach Berlin, Görlitz, Dresden, Gleiwitz (Gliwice), Halle, Köln und Leipzig. In den Jahren 1927/28 wurden internationale Flüge über Prag nach München und über Brünn (tschechisch: Brno) nach Wien sowie regionale Flüge nach Stettin, Grünberg (Jelenia Góra) und Neiße (Nysa) eingeführt. In den Jahren von 1935 bis 1937 wurde das Streckennetz um Flüge nach Düsseldorf, Essen, Frankfurt am Main, Danzig, Hamburg, Hannover, Königsberg (russisch: Kaliningrad), Nürnberg, Saarbrücken und Stuttgart erweitert.[80] Die Rolle des Luftverkehrs kam besonders während der Belagerung der Festung Breslau im Jahr 1945 zum Tragen, als über den Flughafen Personen und Waren in die Stadt gelangten und von hier aus verwundete Soldaten ausgeflogen wurden, bis schließlich die Rote Armee den Flughafen eroberte.

80 Harasimowicz, Suleja, Smolak (red.) 2006: 391.

Moderne Großbausiedlung in Klein Tschansch (Księże Małe), 1931

Siedlung der DEWOG (Deutsche Wohnungsfürsorge A.-G.) in Bischofswalde (Biskupin) von Osten, 1929

Im Jahr 1936 erreichte die Reichsautobahn 9 die südlichen Vororte der Stadt, was eine schnelle Verbindung nach Berlin ermöglichte. Der Bau der Reichsautobahn 29 von Breslau nach Beuthen (Bytom) an die damalige deutsch-polnische Grenze konnte vor Kriegsende nicht abgeschlossen werden. Um den wachsenden Strombedarf zu decken, wurden in den Jahren 1924 und 1925 zwei Wasserkraftwerke an der Oder nach einem Entwurf von Max Berg errichtet.

Von 1933 an, als das Deutsche Reich Vorbereitungen für die militärische Expansion in Europa traf, nahm die Bedeutung des Maschinenbaus und der Metallindustrie in Breslau immer stärker zu (33,6 % der Erwerbstätigen im Jahr 1939), wohingegen die Bedeutung der Bekleidungsindustrie (25,4 %) zurückging.[81] Während des Zweiten Weltkriegs wurden ganze Industrieanlagen, große Teile ihrer Belegschaften wie auch eine wachsende Zahl weiterer Zivilisten aus dem Westen und aus der Mitte Deutschlands, die den Luftangriffen der Alliierten ausgesetzt waren, nach Schlesien verlegt. Bei Kriegsende soll die Bevölkerung Breslaus von 640.000 kurzfristig auf 750.000–900.000 angestiegen sein.[82] Die Wehrmacht legte in Breslau überdies ausgedehnte Lager kriegswichtiger Güter an, darunter auch das Zentrallager der Kriegsmarine, das nach den Luftangriffen auf die großen deutschen Ostseehäfen hierher verlegt wurde. Durch die Intensivierung der Kriegswirtschaft wuchs auch das Heer der Zwangsarbeiter in der Stadt. Im Jahr 1944 erreichte ihre Zahl 51.548 (18,1 % der Erwerbstätigen),[83] darunter 9.876 Kriegsgefangene. In der Nähe von Industrieanlagen entstanden mehrere Lager für Zwangsarbeiter, u. a. an der Clausewitzstraße (ul. generała Józefa Hauke-Bosaka) und in Schottwitz (1937–1945 Burgwiese, heute Sołtysowice). Die meisten Zwangsarbeiter waren Polen, v. a. nach Beendigung des Warschauer Aufstands.[84] Darüber hinaus unterhielt das Konzentrationslager Groß Rosen während des Kriegs vier Außenlager in Breslau.[85]

In den Kriegsjahren wurde die jüdische Gemeinde Breslaus, die drittgrößte in Deutschland, fast vollständig ausgelöscht. 1933 zählte sie 20.202 Personen (3,2 % der Gesamtbevölkerung der Stadt).[86] Von jenen, die nach der Machtergreifung Hitlers nicht emigriert waren, wurden zwischen 1941 und 1944 fast alle von Breslau aus in den Tod deportiert: nach Kaunas in Litauen und in das Vernichtungslager Auschwitz-Birkenau. Bis Kriegsende überlebten in Breslau 160 Juden.[87] Von den beiden größten jüdischen Friedhöfen wurde jener an der Flughafenstraße (ul. Lotnicza) zerstört, zum Teil auch erst in den Jahren nach dem Krieg. Dieser Friedhof wird heute wieder genutzt und dient der kleinen polnischen jüdischen Gemeinde Breslaus. Dank der Bemühungen des Direktors des Stadtmuseums, Maciej Łagiewski, ist es nach dem Krieg gelungen, den kulturhistorisch bedeutsamen jüdischen Friedhof an der Lohestraße zu erhalten. Diese Ruhestätte bedeutender Breslauer ist heute eine Zweigstelle des Stadtmuseums.[88]

Vereinzelte Luftangriffe in den Jahren 1940 und 1941 verursachten in der Stadt nur geringe Schäden. Um kriegswichtige Einrichtungen der Stadt zu verbergen,

81 Harasimowicz, Suleja, Smolak (red.) 2006: 727.
82 Kulak 2001: 329.
83 Ordyłowski 1991: 8.

84 Kulak 2001: 330.
85 Małek 2004.
86 Borkowski, Kirmiel, Włodawczyk 2008: 54.
87 Ascher 2009: 258–260.
88 Łagiewski 2001.

Linke-Hofmann-Werke von Nordosten, um 1930

Wohnhäuser in der Siedlung Klein Tschansch (Księże Małe), 1930

Gartenstadtsiedlung Zimpel (Sępolno), Straßenansicht, 1961

Neues Generalstabsgebäude, Hardenbergstraße (heute ul. Bernarda Pretficza), 1929

Neubausiedlung am damaligen Stadtrand in Kosel (Kozanów), 1931

Gartenstadtsiedlung in Zimpel (Sępolno), 1933

wurden seit 1940 aus Stadtplänen Rüstungsstandorte u. ä. entfernt.

Mit dem Heranrücken der Ostfront traf die nationalsozialistische Führung Vorkehrungen zur Verteidigung der Stadt. Ähnlich wie für andere Städte im Osten des Reichs, darunter Königsberg und Posen, galt auch für Breslau die Vorgabe, die Stadt um jeden Preis zu halten. Im August 1944 erklärte man Breslau zur Festung.[89] Der Verteidigung der Stadt sollten modernisierte und neuerrichtete Befestigungen dienen. Bestandteil der Verteidigungsplanungen war das Netz der Wasserwege im Norden der Stadt ebenso wie der Damm der südlichen Umgehungsbahn. Unter vielen Gebäuden wurden Kellerräume durchbrochen, um sie durch unterirdische Gänge miteinander zu verbinden. Damit waren die Voraussetzungen für eine effektive Rundumverteidigung geschaffen, die es ermöglichen sollte, über kurze Strecken schnell Verstärkung zu holen und zudem Vorstöße hinter die feindlichen Linien zu unternehmen.[90]

Am 7. Oktober 1944 bombardierten sowjetische Flugzeuge die Stadt. Die im Januar 1945 an der Weichsel begonnene sowjetische Offensive zerschlug die deutsche Armee innerhalb kürzester Zeit. Rasch erreichte die Rote Armee im zentralen Frontabschnitt die Oder. Der Gauleiter von Niederschlesien Karl Hanke lehnte eine Aufgabe von Breslau ab und befahl im Januar 1945 die Evakuierung von Zivilisten aus der Stadt. Daraufhin verließen Breslau ca. 600.000 bis 700.000 Menschen, meist zu Fuß und unter schwierigen winterlichen Bedingungen, wobei etwa 90.000 von ihnen ums Leben kamen. In der Stadt verblieben schätzungsweise 150.000 bis 200.000 Personen.[91]

Der Kampf um die Festung Breslau dauerte von Anfang Februar – die sowjetische Armee schloss den Belagerungsring am 15./16. des Monats – bis zum 6. Mai 1945. Die Stadt wurde von einem vergleichsweise kleinen sowjetischen Heer belagert, dessen Luftstreitkräfte und Artillerie jedoch ganz und gar überlegen waren. Intensiver Beschuss und Bombardements brachten dem Gebäudebestand immense Verluste bei. Zur Verteidigung der Festung wurden ganze Straßenzüge abgerissen und anschließend in Brand gesteckt. Auf diese Weise bildete die Wehrmacht massive Bollwerke, die schwer einzunehmen waren. Der Preis dafür war die totale Zerstörung großflächiger Bereiche der Stadt.[92] Beinahe vollständig verwüstet waren große Teile der Innenstadt. Nach dem Verlust des Feldflughafens in Klein Gandau und wegen des ständigen Beschusses des Feldflughafens beim Stadion in Leerbeutel errichteten die deutschen Verteidiger einen Feldflughafen auf dem Gelände des Scheitniger Sterns und auf der ehemaligen Kaiserstraße (pl. Grunwaldzki). Kolonnen von ausländischen Zwangsarbeitern mussten hier ganze Häuserzeilen abreißen, um Platz für ein hinreichend breites Rollfeld zu schaffen. Bei den Arbeiten an diesem Rollfeld kamen rund 13.000 Menschen ums Leben.[93] In der Historiografie ist umstritten, ob dieser provisorische Flugplatz überhaupt zur Verteidigung der Festung beigetragen hat.

Als die Festung kapitulierte, war die Stadt nach Schätzungen zu rund drei Vierteln vernichtet. Von den Zerstörungen am stärksten betroffen waren mit bis zu 90 % die südlichen und westlichen Stadtteile, von wo aus die sowjetische Armee auf das Stadtzentrum vorgerückt war, und die historische Dominsel (85 %). Die Altstadt insgesamt lag zur Hälfte in Trümmern. Die sich außerhalb der Angriffsachse der Roten Armee befindlichen Stadtteile im Norden wurden zu rund 30 % zerstört und die rasch besetzten östlichen Stadtteile zu rund einem Zehntel.[94] Selbstverständlich spiegeln solche Schätzungen den tatsächlichen Zustand in einzelnen Stadtteilen nur ungenau wider.

Die Industrie war von den Kämpfen ebenfalls auf verheerende Weise betroffen und – noch vor den späteren sowjetischen und polnischen Demontagen – zu rund 60 % zerstört. Die elektrischen Kraftwerke waren im gleichen Ausmaß beschädigt, ihre Vertriebsnetze zu 70 %, das Beleuchtungsnetz und die Straßenbahnoberleitung zu 100 %, Straßenbahnschienen zu 80 %. Dennoch sollte es noch im Jahr 1945 gelingen, drei Straßenbahnlinien wieder in Betrieb zu nehmen (im Jahr 1927 verkehrten in Breslau 28 Linien).[95] Die Zerstörung der Gaswerke wurde auf 60 %, die des Leitungsnetzes auf 50 % und die der Gasbeleuchtung auf 100 % beziffert.[96] In starkem Maß wurden zahlreiche Kirchen zerstört, einige waren völlig ruiniert. Von insgesamt 30.000 Gebäuden überstanden den Krieg etwa 10.000, und von 658 km Straßen im Stadtgebiet lagen auf rund 300 km Trümmer. Die Wasserversorgung und Kanalisation waren schwer beschädigt (zu 70 %). Abgesehen von den zerstörten Hausanschlüssen waren die Wasserleitungen in der Stadt an rund 3.000 Stellen unterbrochen.[97]

Umflutkanal, 1938
Noch bis in die 1940er Jahre blieb der Breslauer Wasserknoten bedeutend für den gesamtdeutschen Binnenwassergüterverkehr.

Flughafen Gandau (Gądów), 1932

89 Vgl. Gleiss 1986–1997.
90 Kolouszek 2014: 294–305.
91 Jonca, Konieczny 1963: 27; Kulak 2001: 336–337.

92 Strauchold 2009.
93 Mühle 2015: 259.
94 Gabiś 2009.
95 Sielicki 2013: 268–269.
96 Vgl. Przyłęcka 2012: 60.
97 Nowakowski, Urbaniak 2011: 107, 109.

Pharusplan Breslau, 1 : 10.000, 1940 (verkleinert)
Seit Ende der 1930er Jahre hatten die Nationalsozialisten slawisch klingende Ortsnamen im Stadtgebiet verdeutscht. Zahlreiche Straßen und Plätze wurden im Sinne der Nationalsozialisten umbenannt, etwa die Friedrich-Ebert-Straße in Adolf-Hitler-Straße. Mit Beginn des Zweiten Weltkriegs wurden militärisch wichtige Punkte nicht mehr im Stadtplan dargestellt, z. B. der Standort der Linke-Hofmann-Werke (vgl. Luftbild auf S. 28 und die Luftbildmontage auf S. 58–61).

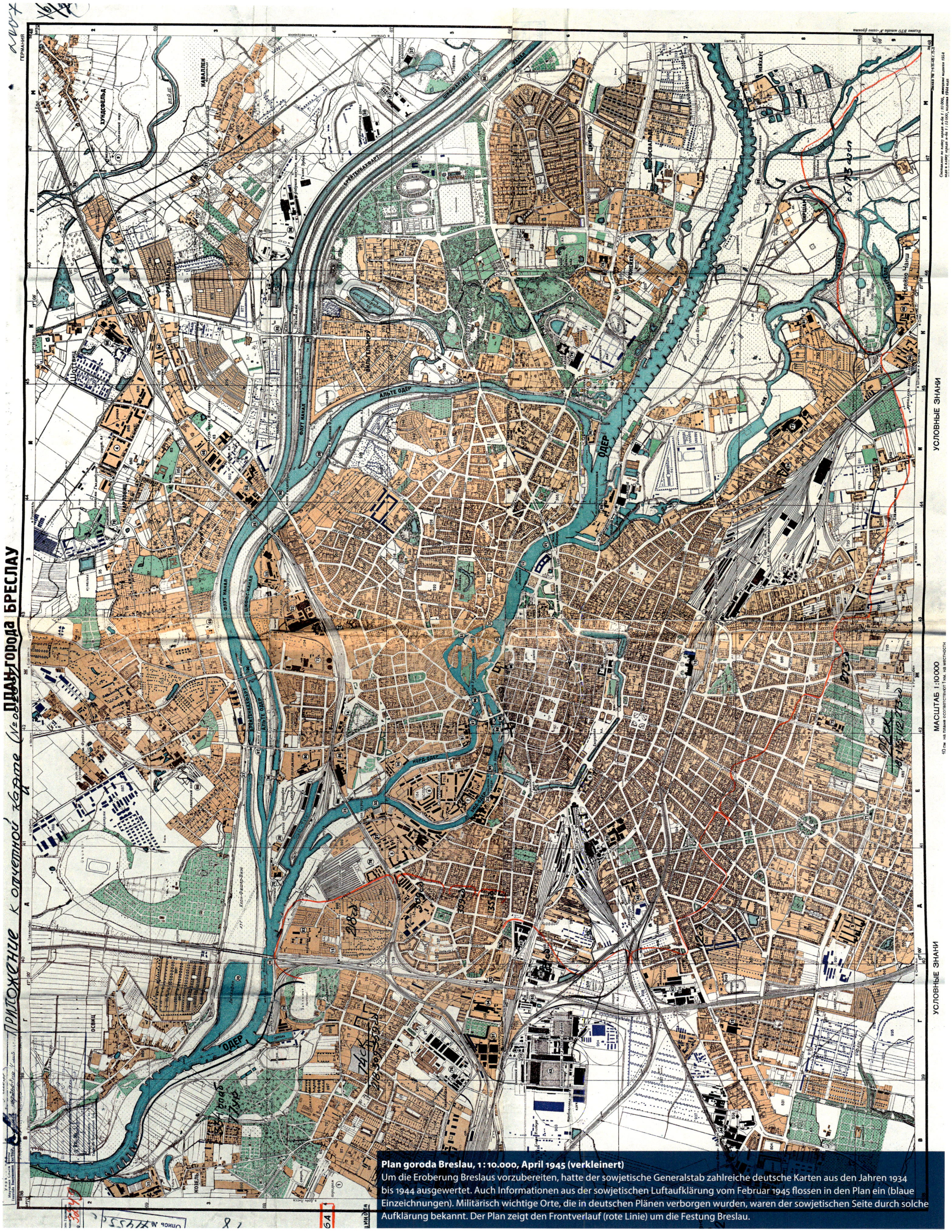

Plan goroda Breslau, 1:10.000, April 1945 (verkleinert)
Um die Eroberung Breslaus vorzubereiten, hatte der sowjetische Generalstab zahlreiche deutsche Karten aus den Jahren 1934 bis 1944 ausgewertet. Auch Informationen aus der sowjetischen Luftaufklärung vom Februar 1945 flossen in den Plan ein (blaue Einzeichnungen). Militärisch wichtige Orte, die in deutschen Plänen verborgen wurden, waren der sowjetischen Seite durch solche Aufklärung bekannt. Der Plan zeigt den Frontverlauf (rote Linie) um die Festung Breslau.

3.4 Stadtentwicklung 1946–1989

In ihrer Eigenschaft als Siegermächte des Zweiten Weltkriegs beschlossen die Sowjetunion, die Vereinigten Staaten von Amerika und Großbritannien im Potsdamer Abkommen vom August 1945, dass Polen die Verwaltung der Gebiete des Deutschen Reichs östlich von Oder und Lausitzer Neiße übertragen wurde. Eine endgültige Regelung der deutsch-polnischen Grenze sollte zwar einem Friedensvertrag vorbehalten bleiben, doch wurde der provisorische Grenzverlauf an Oder und Neiße immer mehr zur tatsächlichen Grenze. Denn im Potsdamer Abkommen war auch bestimmt worden, die deutsche Bevölkerung aus den Gebieten östlich der Oder und Neiße auszusiedeln. In der Begrifflichkeit der damaligen kommunistischen Propaganda wurden die nach Polen eingegliederten Territorien als *wiedergewonnene Gebiete* bezeichnet. Dieser Begriff sollte die Polen und die westlichen Alliierten davon überzeugen, dass es sich dabei um ehemals polnische Gebiete handle, die im Mittelalter infolge der deutschen Ostsiedlung verloren gegangen wären. Noch während der Kämpfe um die Festung Breslau ernannte die von Moskau abhängige provisorische polnische Regierung am 14. März 1945 ihren Beauftragten für den Bezirk Niederschlesien. Am selben Tag erhielt Bolesław Drobner die Nominierung als Oberbürgermeister von Breslau.

Mit dem Kriegsende und mit der Umsetzung des Potsdamer Abkommens bot sich eine noch nie dagewesene Situation in der tausendjährigen Geschichte von Breslau: Innerhalb von wenigen Jahren wurde die Bevölkerung der Stadt fast vollständig ausgetauscht. In den ersten Monaten nach Kriegsende stellten die allmählich in die Stadt zurückkehrenden Deutschen den größten Bevölkerungsanteil, doch bis Ende der 1940er Jahre wurden sie fast alle in die Besatzungszonen Deutschlands ausgewiesen. An ihrer Stelle kamen polnische Siedler, darunter auch jene, die ihrerseits ausgesiedelt worden waren, und zwar aus den Gebieten im Osten *(Kresy)*, die Polen an die Sowjetunion verloren hatte. Eine summarische Volkszählung vom Februar 1946 ergab, dass von 170.656 Einwohnern Breslaus 57.103 Polen (33,5 %) und 110.600 Deutsche (65,8 %) waren. Bis Ende November 1947 ließen sich dauerhaft 213.460 Polen nieder und 28.190 galten als vorübergehende Bewohner der Stadt. Darüber hinaus wurden 308 Ausländer und nurmehr 4.205 Deutsche gezählt.[98] Im Jahr 1950 waren noch lediglich 1.987 Deutsche in der Stadt gemeldet.[99]

Nach dem Ende der großen, dynamischen Migrationsbewegungen sah die Struktur der Bevölkerung von Breslau an der Jahreswende 1947/48 folgendermaßen aus: 73,2 % kamen aus den Gebieten Zentralpolens, die sich sowohl vor als auch nach dem Zweiten Weltkrieg innerhalb der Grenzen Polens befanden; 20,5 % stellten Ankömmlinge aus den an die Sowjetunion verlorenen Ostgebieten Polens dar. Die Übrigen waren v. a. polnische Rückkehrer aus anderen europäischen Ländern und sog. Autochthone, d. h. frühere deutsche Staatsbürger, denen die polnischen Behörden im Zuge einer nationalen Kategorisierung von Teilen der schlesischen Bevölkerung eine polnische Abstammung bescheinigten. Mit dem Abschluss dieser sog. Verifizierung im Jahr 1949 waren 2.769 Breslauer als Autochthone eingestuft.[100] Gegen Ende der 1940er Jahre stammten die Siedler in Breslau v. a. aus Kleinstädten (rund 40 %), aus dem ländlichen Raum (ebenfalls rund 40 %), und nur zu etwa 18 % aus Großstädten, darunter auch aus Warschau, der von den Deutschen fast vollständig zerstörten Hauptstadt.[101]

Der Bevölkerungsaustausch in Breslau brachte in religiöser Hinsicht andere Verhältnisse mit sich. Die neuen polnischen Bewohner der Stadt waren ganz überwiegend Katholiken, wenngleich es auch eine kleine Gruppe von Protestanten gab. In den 1940er Jahren siedelte sich in Breslau auch eine Anzahl polnischer Juden an, die dem Holocaust entkommen waren, da sie sich in

98 Ordyłowski 1991: 26.
99 Ociepka 1992: 25.
100 Strauchold 1995: 142.
101 Ordyłowski 1991: 26–27.

Stand der Zerstörungen, 1:100.000, 1945 (vergrößert)
(Nebenkarte von: Karpowicza szczegółowy plan Wrocławia z wykazem wszystkich ulic, 1:20.000, 1949)
Starke Zerstörungen der Bausubstanz erlitten insbesondere die ehemaligen Vororte südlich und westlich der Innenstadt.

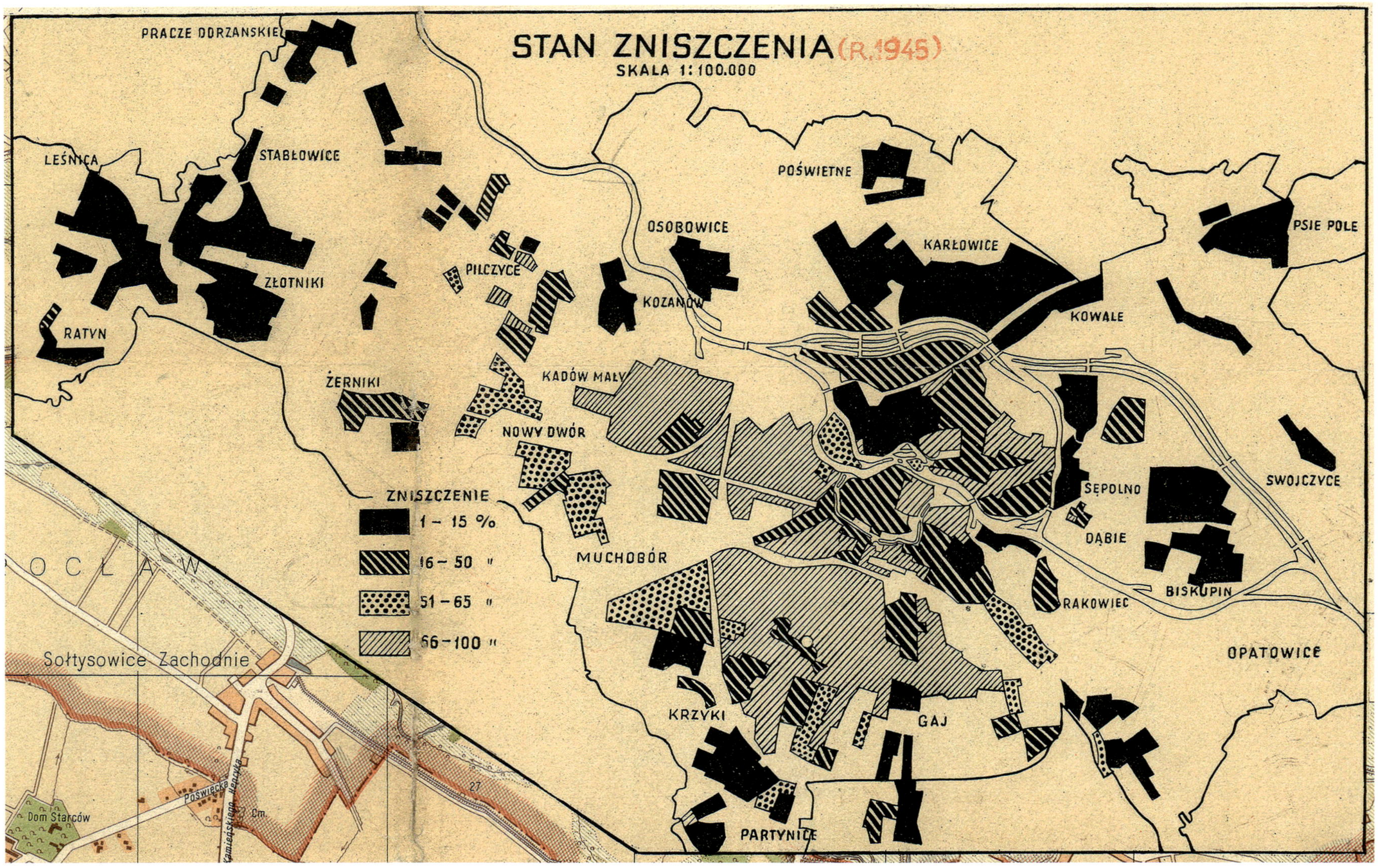

Zerstörte Innenstadt nach der Kapitulation der Festung Breslau, 1945

Bau der neuen Wohnsiedlung (Kościuszkowska Dzielnica Mieszkaniowa) am früheren Tauentzienplatz (pl. T. Kościuszki), 1955

Monumentale Bebauung der Schweidnitzer Str. (ul. Świdnicka), 1961

Farbaufnahme vom früheren Tauentzienplatz (pl. T. Kościuszki) mit dem Kaufhaus PDT (heute „Renoma“, früher „Wertheim“), 1958

den Kriegsjahren im Innern der Sowjetunion aufgehalten hatten. Bei der Volkszählung von 1946 wurden in der Stadt 3.010 Juden (1,8 %) gezählt. Nach erheblichen, durch Zuzug und Auswanderung bedingten Schwankungen pendelte sich ihre Zahl Anfang 1948 auf über 10.000 ein.[102] Infolge von Ausreisewellen nach Israel und in die Länder des Westens in den folgenden Jahrzehnten verringerte sich diese Zahl allmählich. Nach der erzwungenen Emigration während der antisemitischen Kampagne der kommunistischen Machthaber in Polen in den Jahren 1967 und 1968 blieb in der Stadt eine nurmehr kleine Zahl von Juden zurück.

Die von den Nationalsozialisten 1943 für ihre Zwecke in Besitz genommene Synagoge zum Weißen Storch wurde nach dem Krieg wieder der jüdischen Gemeinde übereignet und von ihr genutzt. 1974 wurde sie verstaatlicht. 1996 gelangte sie abermals in die Hände der jüdischen Gemeinde Breslau, und nach einer umfassenden Sanierung kommt der Synagoge wieder eine wichtige Rolle in der Kultur Breslaus zu.[103] Die zerstörte Synagoge am Anger wurde nicht wiederaufgebaut.

Im Jahr 1947 siedelten die polnischen Behörden im Zuge politischer Repressalien (Aktion „Weichsel“) ukrainische bzw. ruthenische Familien aus dem Südosten Polens zwangsweise in die einverleibten deutschen Ostgebiete um, darunter auch nach Breslau. Die Umsiedler waren orthodoxe und griechisch-katholische (ukrainisch-byzantinische) Christen. Im August 1947 handelte es sich dabei in der ganzen Woiwodschaft um 21.235 Personen.[104]

Die neuen polnischen Behörden in Breslau drängten darauf, die Neuansiedlung rasch durchzuführen und die Metall- und Maschinen-, aber auch die Textilindustrie umgehend in Gang zu setzen. Alles war somit auf eine schnellstmögliche Wiederbesiedlung der Stadt und die Versorgung mit Wohnraum für Mitarbeiter der Betriebe dieser bevorzugten Wirtschaftszweige abgestellt. In den Jahren unmittelbar nach Kriegsende wurden diese Ziele mit Unterstützung von teils zwangsweise verpflichteten deutschen Fachleuten erreicht, die nicht ausgesiedelt worden waren und, wenn auch nur widerstrebend, zum Neuaufbau unter polnischem Vorzeichen beitragen mussten.

Die Wiederinbetriebnahme der Fabriken in Breslau gestaltete sich indes schwierig, da gleichzeitig die sowjetischen Behörden über mehrere Monate hinweg Industrieanlagen aller Art demontierten und in die Sowjetunion abtransportierten. Sie sahen darin eine ihnen als Sieger über Deutschland zustehende Kriegsbeute. Was in Breslau beweglich und funktionstüchtig war, weckte auch andernorts Interesse: Behörden aus zentralpolnischen Städten, die teils ähnlich stark von Kriegszerstörungen gezeichnet waren, schickten Beamte, um Güter unterschiedlichster Art – von technischen Geräten bis zu Möbeln – zu sich zu holen. Hinzu kamen Plünderer, die auf eigene Faust Beutezüge durch die Stadt unternahmen, um Eigentum zu erwerben. Trotz all dieser Zerstörungen, Demontagen und Plünderungen war das industrielle Potenzial der Stadt immer noch groß. Auch Gewerbeobjekte ohne Ausrüstung, was auf rund 80 % der Breslauer Betriebe der Metallverarbeitung und des Maschinenbaus zutraf, stellten einen beträchtlichen Wert dar, da sie die Grundlage für eine Instandsetzung der Anlagen boten.

Bis Ende der 1950er Jahre konzentrierte sich die Besiedlung, abgesehen von den wenig zerstörten Gebieten nördlich des Rings (jenseits der Oder) und der Innenstadtbereiche auf der sog. Großen Insel (Bischofswalde, Zimpel), auf die westliche und südwestliche Peripherie wie Leedeborn (Grabiszynek) und Pilsnitz, wo in den deutschen Arbeitersiedlungen aus den 1930er und 1940er Jahren nun polnische Industriearbeiter Wohnungen zugeteilt bekamen. Die Verteilung der Bevölkerung setzte unter diesen Umständen voraus, dass eine Verbindung mit dem öffentlichen Personennahverkehr in die westlichen und südwestlichen Stadtteile, wo sich die Industriebetriebe konzentrierten, gewährleistet werden konnte. Bald begann die vorrangige Instandsetzung der Industrie Wirkung zu zeigen. Bereits Ende 1946 arbeiteten in damals 310 Breslauer Betrieben (ohne Handwerk) 21.300 und Ende 1949 bereits 31.300 Personen.[105]

102 Szaynok 1997.
103 Zabłocka-Kos 1997.
104 Hałagida 2002: 36.

105 Tempski 1970: 43, 60.

Eine weitere wichtige Aufgabe dieser Jahre bestand darin, das reibungslose Funktionieren des Breslauer Verkehrsknotens wiederherzustellen. In der frühen Nachkriegszeit war der sog. Breslauer Wasserknoten – seine zahlreichen Flussarme, Kanäle und Zuflüsse im Stadtgebiet – unpassierbar. Die Oderhäfen waren nicht in Betrieb. Zahlreiche Brücken waren zerstört oder beschädigt. Der Verkehrsknoten Breslau bestand vor dem Krieg außerdem aus zwölf Hauptstraßen und neun Eisenbahnlinien.[106] Der Verkehrsfluss war vor der Belagerung von vier Haupteisenbahnbrücken und zehn großen Straßenbrücken gewährleistet worden. Auch Eisenbahngebäude hatten die Kämpfe nur stark beschädigt überstanden, wie etwa der Lokschuppen am Hauptbahnhof (zu 60 %), der Freiburger Bahnhof (85 %) und der Bahnhof Breslau-Odertor (25 %).[107]
Die Jahre von 1945 bis 1949 galten in Breslau der Trümmerbeseitigung. Auch sollten die Ziele des 3-Jahres-Wirtschaftsplans erreicht werden. Unter schwierigsten Bedingungen richteten sich die Anstrengungen darauf, die Bewohner mit Trinkwasser, Elektrizität, Brennstoff für den Winter und mit öffentlichen Verkehrsmitteln zu versorgen. Einer der Schwerpunkte war der Wiederaufbau der wichtigsten unter den schwer beschädigten Brücken, also der in nordöstliche Richtung führenden Kaiserbrücke und der nach Norden führenden Lessing-Brücke. Die Erstgenannte wurde 1947 als *Grunwald-Brücke* (most Grunwaldzki) in Betrieb genommen, die Letztere in den Jahren 1957–1959 als *Friedensbrücke* (most Pokoju) wiedererrichtet.

106 Vgl. Stankiewicz, Stiasny 2010: 4, 13.
107 Firko, Jankowski, Małkus, Siwoń, Stępniewska, Tempski 1971: 122–123, 154–155.

Bereits im Juni 1945 begann die Sicherung der wichtigsten Baudenkmäler: des Rathauses, des Doms, der St.-Vinzenz-Kirche, Ägidiuskirche, Kreuzkirche, Magdalenenkirche und Adalbertkirche. 1946 begann der Wiederaufbau des Doms. Dank Bemühungen der katholischen Kirche, aber auch der kommunistischen Stadtverwaltung und der staatlichen Behörden, wurde dieser im Jahr 1951 abgeschlossen und das Gotteshaus den Gläubigen zugänglich gemacht. Zur gleichen Zeit begannen Arbeiten zur Wiederinbetriebnahme der Hochschulen, zur Rekonstruktion der Baudenkmäler auf der Dominsel und zur Instandsetzung anderer beschädigter Kirchen.[108] Ein systematischer Wiederaufbau der Stadt wurde noch nicht angegangen, da es für solch ein komplexes Vorhaben dem kriegszerstörten Polen an Ressourcen fehlte. Man konnte jedoch auf die Opferbereitschaft der gewöhnlichen Bürgerinnen und Bürger zählen, die ihren Wohnort mit aufräumten.
Erschwerend kam für Breslau hinzu, dass Polens Regierung dem Wiederaufbau der Hauptstadt Warschau Vorrang einräumte. Aus Breslau und anderen Städten in den *wiedergewonnenen Gebieten* ließ die Warschauer Regierung daher Ziegelsteine abtransportieren. Zu Beginn der 1950er Jahre waren es jährlich über 165 Mio. Ziegelsteine, die aus Breslau nach Warschau verbracht wurden, und zwar nicht nur von abgebrochenen Ruinen, sondern auch aus Gebäuden, die für einen Wiederaufbau durchaus geeignet waren. Dieses Schicksal traf beispielsweise das Schlesische Museum der Bildenden

108 Thum 2005: 373–374.

Plan miasta Wrocławia z alfabetycznym spisem ulic, placów, mostów i dzielnic, 1 : 14.000, 1946 (Ausschnitt, verkleinert)
Der Plan gehört zu den ersten polnischsprachigen Stadtplänen Breslaus. Auch in der recht schematischen Darstellung werden die Kriegszerstörungen sichtbar, insbesondere im Bereich des Scheitniger Sterns (pl. Grunwaldzki). Dieses großflächige Areal hatten die deutschen Verteidiger der Festung Breslau Anfang 1945 abreißen lassen, um darauf einen Flugplatz anzulegen.

Wiederaufbau in Breslau, nach 1945
Ein Ingenieur nimmt Messungen an einer Brücke vor. Dieses Foto aus den Sondersammlungen der Universität ist wahrscheinlich in den späten 1940er oder 1950er Jahren für eine Ausstellung verwendet worden. Davon zeugen die aufgeklebten Buchstaben „INŻY", die den Anfang des Wortes „inżynier" (dt. Ingenieur) gebildet haben könnten.

Planungen für eine Bebauung an der Oder, um 1955

Künste am Museumsplatz (pl. Muzealny), das die Belagerung Breslaus noch gut überstanden hatte.[109]
Die ersten umfangreicheren Aufräumarbeiten konzentrierten sich auf die Stadtmitte und das Umfeld des zerstörten Zoologischen Gartens. Dies stand im Zusammenhang mit einer Ausstellung über die *wiedergewonnenen Gebiete* im Jahr 1948. Mit dem großangelegten propagandistischen Vorhaben war beabsichtigt, die polnischen Erfolge bei Wiederaufbau und Nutzbarmachung der ehemals deutschen Gebiete zu zeigen.[110] Von der Ausstellung ist ein nadelförmiges Bauwerk übriggeblieben – die neben der Jahrhunderthalle platzierte *Iglica*, zunächst mit einer Höhe von 106 m, derzeit 96 m.
Im Jahr 1949 beschloss die Stadtverwaltung den Generalplan zur räumlichen Entwicklung Breslaus. Auf seiner Grundlage begannen in der Altstadt umfangreiche Arbeiten. Bis zum Beginn der 1950er Jahre konzentrierten sie sich darauf, die Durchlässigkeit für den Durchgangsverkehr auf den Hauptverkehrsadern herzustellen, die weniger beschädigten Wohnhäuser zu sichern und solche Ruinen ganz abzubrechen, die eine Bedrohung für die Stadtbewohner darstellten. Auf den wenig bzw. kaum zerstörten Stadtgebieten im Norden Richtung Posen und im Osten Richtung Łódź und Warschau wurde vorrangig daran gearbeitet, die Strecken in diese beiden Richtungen passierbar zu machen. Darüber hinaus wurden die Straßen nach Süden – zur Autobahn, zu den Ausfahrten nach Südosten in Richtung Oppeln (Opole), Kattowitz (Katowice) und Krakau und nach Nordwesten in Richtung Liegnitz und weiter in Richtung der neuen Westgrenze, sowie die Strecke nach Westen in Richtung Grünberg (Zielona Góra) und Stettin wiederaufgebaut.
In der Schneise, welche die deutschen Festungsverteidiger 1945 in die Kaiserstraße geschlagen hatten, um eine Rollbahn für Flugzeuge anzulegen, entstand nach dem Krieg eine neue innerstädtische Hauptverkehrsader – der *Grunwald-Platz* (pl. Grunwaldzki) – im Bereich der alten Kaiserstraße mit dem Scheitniger Stern.
Infolge der Kämpfe und Verwüstungen verlor der Flughafen in Klein Gandau an Bedeutung. Nach dem Wiederaufbau 1946 wurde er bis 1957 als Zivilflughafen genutzt, ehe er dann bis 1977 als Sportflugplatz diente. Später entstand an seiner Stelle eine große Wohnsiedlung. Ein neuer Flughafen wurde im Jahr 1958 im Stadtteil Strachwitz (Strachowice) bei dem dort nach dem Krieg weiterhin bestehenden Militärflughafen angelegt.
Mitte der 1950er Jahre kam es in der Volksrepublik Polen zu wachsenden Protesten gegen das kommunistische Regime. Aus Furcht vor einem Aufstand und einer für diesen Fall drohenden sowjetischen Militärintervention verfolgte die kommunistische Regierung von Władysław Gomułka einen neuen Kurs – auch in Bezug auf die *wiedergewonnenen Gebiete*. In Breslau schlug sich dies in beschleunigten Wiederaufbaumaßnahmen und dem Abschluss der Aufräumarbeiten in den kriegszerstörten Stadtgebieten nieder. Dort, wo es nicht mehr möglich war, die beschädigte Substanz an Wohngebäuden instandzusetzen, wurde allerdings erst in den 1960er Jahren mit der Errichtung von neuen Siedlungen begonnen. Diese entstanden hauptsächlich entlang der breit angelegten Verkehrsachsen: der ehemaligen Kaiser-Wilhelm-Straße (ul. Powstańców Śląskich) nach Süden, der Frankfurter Straße (ul. Legnicka) nach Westen und der Gräbschner Straße (ul. Grabiszyńska) nach Südwesten. Bereits im Vorfeld, in der ersten Hälfte der 1950er Jahre, waren im Rahmen des allgemeinen Raumentwicklungsplans Breslau und des detaillierteren Raumentwicklungsplans Breslauer Altstadt 28.000 Wohnungen entweder neu erbaut oder renoviert worden.
Die Vorgaben der kommunistischen Partei betrafen auch den Baustil neu zu errichtender Gebäude. Im Jahr 1953 wurden im Bereich des Scheitniger Sterns (pl. Grunwaldzki) zwei Gebäude der Polytechnischen Hochschule im Stil des Sozialistischen Realismus errichtet. In den Jahren von 1954 bis 1958 entstand um den früheren Tauentzienplatz (pl. T. Kościuszki) in der ehemaligen Schweidnitzer Vorstadt die Kościuszko-Wohnsiedlung (*Kościuszkowska Dzielnica Mieszkaniowa*). Sie wurde für 4.000 Einwohner geplant. In diesen monumentalen Gebäuden verkörpert sich eine noch heute erkennbare Vorstellung von einem modernen Stadtzentrum.[111] Ihre Silhouetten erinnern einerseits an die klassizistische Bebauung von Paris aus dem 19. Jh., andererseits können sie als Modell für die herrschende Stilrichtung des Sozialistischen Realismus der 1950er Jahre gelten. Den Einwohnern sollten sie das Gefühl von Stabilität und fester Verwurzelung im nun polnischen Wrocław vermitteln.
In dem Jahrzehnt zwischen 1953 und 1963 dauerte der Wiederaufbau der wichtigsten urbanen Architekturdenkmäler der Altstadt – des Rings (Rynek) und des Blücherplatzes (pl. Solny) – sowie der Straßenzüge entlang der ehemaligen Junkern- (ul. Ofiar Oświęcimskich), Nikolai- (ul. św. Mikołaja), Weißgerber- (ul. Białoskórnicza) und Krullstraße (Psie Budy) an. Das Projekt zum Wiederaufbau des Neumarkts (Nowy Targ), der Albrechtstraße (ul. W. Stwosza) und der Katharinenstraße (ul. św. Katarzyny) wurde dagegen nicht verwirklicht.

Moderne Bebauung in Plattenbauweise an der Gräbschener Straße (ul. Grabiszyńska), ca. 1970

Die frühere Kaiserbrücke (most Grunwaldzki), ca. 1980

Die sog. Grunwald-Achse, 1965

109 Thum 2005: 173.
110 Vgl. Tyszkiewicz 1997.
111 Przyłęcka 2012: 78–94.

Hauptbahnhof von Nordosten, um 1970

Bebauung in der Technologie der Breslauer Großen Platte an der Gräbschener Straße (ul. Grabiszyńska), 1964

Mitte der 1950er Jahre änderte sich das Konzept für den Wiederaufbau der Altstadt: Nun war dort auch moderne Bebauung zugelassen. In den Jahren 1957–1964 wurde das neue innerstädtische Wohnviertel am früheren Sonnenplatz (zunächst pl. PKWN, heute pl. Legionów) errichtet. Moderne Bauensembles entstanden auch im Bereich des Hauptbahnhofs (1957/58), und in den Jahren 1957–1964 wurde die Bebauung des Neumarkts (Nowy Targ) und der Schuhbrücke (ul. Szewska), der Messergasse (ul. Nożownicza), der Albrechtstraße (ul. W. Stwosza) und der Sandstraße (ul. Piaskowa) im modernistischen Stil ausgeführt.

Der Wiederaufbau des ehemaligen Bernhardinerklosters war im Jahr 1965 abgeschossen; die Anlage diente von nun an als Sitz von Polens einzigem Architekturmuseum. Auch das Palais Spätgen wurde wiederaufgebaut; seine Räumlichkeiten beherbergen heute das Archäologische Museum. Das ehemalige Fürstlich Putbus'sche Schloss in Deutsch Lissa diente nach dem Wiederaufbau als Stadtteilkulturzentrum und das Sommerpalais der Breslauer Bischöfe, das Websky-Schlösschen, als Sozialeinrichtung für Schauspieler. Darüber hinaus wurden die Grünflächen der Boulevards an der Oder im Bereich der Markthalle und der Hochschule der Schönen Künste sowie die städtischen Gärten und Parkanlagen aufgeräumt und instandgesetzt.

In der ersten Hälfte der 1960er Jahre begann unter dem Einfluss des politischen „Tauwetters" und unter dem wohlwollenden Blick der kommunistischen Regierung der private Einfamilienhausbau. Der industriell verfertigte Wohnungsbau konzentrierte sich damals v. a. im Süden der Stadt. 1959 wurde der Bau der Siedlungen Gabitz (Gajowice) und Huben (Huby) begonnen und bis Ende der 1960er Jahre fortgeführt, ehe sie nach einer Unterbrechung in den 1970er und 1980er Jahren weiter ausgebaut wurden. Im Jahr 1962 fiel die Entscheidung über den Bau des Stadtteils Południe (*Süd*) auf einer Fläche von 192 ha zwischen den beiden vorher genannten Siedlungen. Die Bebauung dauert bis heute an. Der Großteil der Mehrfamilienhäuser mit 5 bzw. 11 Etagen entstand in den späten 1960er und in den 1970er Jahren in der Technologie der *Breslauer Großen Platte* (Wrocławska Wielka Płyta, WWP) – eines spezifischen Plattenbausystems, das in verschiedenen Varianten auch in anderen Städten Niederschlesiens eingesetzt wurde. Mehrgeschossiger Wohnbau dieser Art entstand ebenfalls in Klein Gandau, an mehreren Stellen in der Innenstadt und in den früheren Villenvierteln Deutsch Lissa, Grüneich, Scheitnig und Krietern. In der zweiten Hälfte der 1960er Jahre erfolgte der Bau der Siedlungen Zachód I und II (West I und II) und Pöpelwitz.

Die unbestrittenen Bauerfolge der 1960er Jahre,[112] die dazu beitrugen, dass Breslau ständig größer wurde und sich zu einem immer dynamischeren Industriezentrum entwickelte, brachten gleichzeitig mit sich, dass die Stadt als grau und vernachlässigt empfunden wurde. Es mangelte an einer ausreichenden Anzahl städtischer Einrichtungen und einem entsprechend geordneten urbanen Raum, durch die das Leben der Breslauer leichter und bequemer geworden wäre. In den späten 1960er Jahren gerieten die bis dahin bedeutenden Kultureinrichtungen Breslaus aufgrund der Schwierigkeiten im Alltagsleben des Ballungsraums mehr und mehr ins Abseits. Auch der angespannten Wohnungssituation konnte nicht zufriedenstellend gegengesteuert werden. So wurden in Breslau pro 1.000 geschlossene Ehen im Jahr 1966 lediglich 820 neue Wohnungen fertiggestellt.[113] Zur Linderung der Wohnungsnot kam es erst in den 1970er Jahren, als einige große Wohnsiedlungen entstanden, darunter in Kosel, Mariahöfchen (Nowy Dwór), Klein Mochbern (Muchobór Mały), Huben und in Gestalt der *Kosmonautensiedlung* (osiedle Kosmonautów), die im Schnellverfahren aus vorgefertigten Bauteilen hochgezogen wurden, welche die sog. Häuserfabriken bereitstellten.

Die größte Stadt in den *wiedergewonnenen Gebieten* Polens stieg in den 1960er Jahren rasch zu einem seiner wichtigsten Industriezentren auf, in dem sich verschiedene Zweige der Metallindustrie konzentrierten. Der Ausbau von Industrieanlagen wurde vorangetrieben, zu denen u. a. die Nichteisenmetallhütte Hutmen (gegründet 1918 als Schaefer & Schael), Dolpima (Forstmaschinenwerke) und Elwro, ein Hersteller von elektronischen Bauteilen und später auch Rechnern, gehörten. Produziert wurden außerdem Elektromaschinen (Dolmel), Straßenbaumaschinen (Fadroma) und Drehautomaten (FAT). An der Stettiner Straße (ul. Szczecińska) entstand ein großer Komplex der Breslauer Häuserfabrik. Die Stadt war zur gleichen Zeit ein wichtiger Standort der Rüstungsindustrie. Breslau blieb auch ein Zentrum der Textilindustrie, deren für die Anwohner belastende Betriebe sich zumeist in der Stadtmitte befanden, und der Lebensmittelindustrie. Die Pafawag (*Staatliche Waggonfabrik*, ehemalige Linke-Hofmann-Werke) spielte weiterhin eine führende Rolle unter den metallverarbeitenden Betrieben. Bis zum Ende des Kommunismus 1989 entsprach die räumliche Verteilung der wichtigen Industriebetriebe in Breslau annähernd jener aus der Zeit vor 1945, d. h. sie befanden sich etwa zwischen der Gräbschener (ul. Grabiszyńska)

112 Thum 2005: 179, 207; Przyłęcka 2012: 132.

113 Iwaszkiewicz 1969: 14.

Neumarkt (Nowy Targ), um 1975

Planung des neuen Stadtteils Breslau-Süd (Wrocław-Południe), um 1965

Bebauung im neuen Stadtteil Breslau-Süd (Wrocław-Południe), 1964

Hochhäuser an der sog. Grunwald-Achse (ul. Szczytnicka), 2012

sowie der Frankfurter und der Friedrich-Wilhelm-Straße (beide bilden heute die ul. Legnicka) im jetzt als Fabryczny bezeichneten Stadtteil im Westen, in der Nähe des Versandkanals im Nordosten, wie die Oderwerft und Hydral – bis zu ihrer Schließung 2012 eine der größten Fabriken der Stadt, die 1940–1942 als Rheinmetall-Borsig erbaut, später als Państwowe Zakłady Lotnicze (Staatliche Luftfahrt-Werke) bezeichnet wurde und schließlich ein Kombinat zur Herstellung von Hydrauliksystemen für Kraftmaschinen war – sowie entlang der Ofener Straße (heute ul. Krakowska) und der Oppelner Straße (ul. Opolska) im Südosten.[114]

In den Nachkriegsjahrzehnten vergrößerte sich das Stadtgebiet, wenngleich weniger dynamisch als in den frühen Jahrzehnten des 20. Jh.s. In der ersten von drei Eingemeindungswellen wurden 1951 u. a. die restlichen Ortschaften angeschlossen, deren Eingliederung bereits vor 1920 geplant worden war: Brockau, Oltaschin und Woischwitz. Weitere nennenswerte Änderungen der Stadtgrenzen fanden in den Jahren 1970 und 1973 statt. Auch diese trugen zum Anstieg der Einwohnerzahl Breslaus bei. Zwischen 1951 und 1973 erhöhte sie sich von 307.330 auf 560.260. Das jährliche Wachstum von durchschnittlich 8.000 bis 9.000 ließ in den 1980er Jahren nach, als sich die Bevölkerungszahl etwa auf dem Vorkriegsniveau einpendelte.

Seit 1945 entwickelte sich Breslau zu einem immer bedeutenderen Hochschulstandort. Auf Grundlage der teils unzerstört gebliebenen Ressourcen deutscher Forschungseinrichtungen wurde zunächst die Universität eröffnet, die damals mit der Polytechnischen Hochschule vereint war. In den Jahren von 1955 bis 1969 erhöhte sich die Zahl der Studierenden von 16.900 auf 33.300. Um zumindest einen Teil von ihnen mit Wohnraum zu versorgen, ließ die Breslauer Universität in den 1960er Jahren an der ehemaligen Kaiserstraße (pl. Grunwaldzki) mehrere Studentenwohnheime errichten. Zwei weitere wurden 1980 als Hochhäuser (Ołówek – *Bleistift* und Kredka – *Buntstift*) realisiert. Damit war die Bebauung der *Grunwald-Achse* abgeschlossen, an der – gegenüber den Gebäuden der Polytechnischen Hochschule – zwischen 1968 und 1978 der als *Manhattan* bekannte, moderne Gebäudekomplex mit Wohn- und Dienstleistungsfunktionen entstand.

Eine wesentliche Veränderung des Stadtbildes ergab sich im Zentrum durch den Bau der Ost-West-Umgehungsstraße (Trasa Wschód-Zachód, Trasa W-Z) in den 1970er und 1980er Jahren. Sie beruhte zum Teil auf den deutschen Vorkriegsplänen von Max Berg. Diese zweifellos damals sehr sinnvolle Maßnahme zerstörte durch den Streckenverlauf das aus dem Mittelalter überkommene Straßennetz.[115] Trotz öffentlicher Proteste ließ der Oberbürgermeister der Stadt, Marian Czuliński, im Jahr 1975 die Ruinen der historischen Klarenmühlen auf der Klareninsel (wyspa Słodowa) und der Vorderbleiche (wyspa Bielarska) sowie die Markthalle aus dem 19. Jh. an der Bahnstrecke vom Hauptbahnhof in Richtung Westen sprengen.[116]

Nach 1945 verschwanden die Gräber der deutschen Verstorbenen auf den Friedhöfen Breslaus. Die größten von ihnen, in Oswitz und in Gräbschen, wurden – nach Entfernung der für Deutsche aufgestellten Grabsteine – für polnische Beerdigungen benutzt. Ein Teil des Gräbschener Friedhofs und weitere Friedhöfe, etwa an der Flughafenstraße, wurden in Stadtparks umgewandelt. Im Osten des Gräbschener Friedhofs hat man die Überbleibsel des dort nach einem Entwurf von Richard Konwiarz in den 1920er Jahren errichteten Krematoriums restlos zerstört.[117] An die letzte Ruhestätte der deutschen Einwohner des alten Breslaus erinnert das am Ort des ehemaligen Krematoriums aufgestellte Denkmal des Gemeinsamen Gedenkens (Pomnik Wspólnej Pamięci). In den 1940er Jahren entstanden zwei Friedhöfe für sowjetische Soldaten, die in den Kämpfen um die Stadt gefallen waren: auf dem Lerchenberg (Skowronia Góra) und – für Offiziere – in Krietern. In Gräbschen wurde außerdem in den 1950er und 1960er Jahren ein Friedhof für polnische Soldaten angelegt, der in den 1970er Jahren seinen Platz auf dem benachbarten, renaturierten Gelände einer Schuttdeponie fand.[118]

Die in den 1970er Jahren voranschreitende sozioökonomische Krise in Polen führte zu zahlreichen Streiks und im Sommer 1980 zur Gründung der Unabhängigen Selbstverwalteten Gewerkschaft Solidarność. Breslau stand mit im Brennpunkt der landesweiten Proteste. Nach Verhängung des Kriegsrechts durch General Wojciech Jaruzelski im Dezember 1981 gehörte die Stadt, in der sich eine Zivilgesellschaft formierte, zu den bedeutendsten Zentren der antikommunistischen Opposition.

Infolge des gesellschaftlichen Drucks von unten wurde im Jahr 1985 das Panorama von Racławice der Öffentlichkeit zugänglich gemacht. Das vor dem Zweiten Weltkrieg in Lemberg (polnisch: Lwów, ukrainisch: L'viv) ausgestellte Panorama – ein großflächiges Gemälde von Jan Styka und Wojciech Kossak – zeigt den Sieg polnischer über russische Truppen in einer Schlacht während des polnischen Aufstands von 1794, daher sah es die kommunistische Regierung mit Skepsis. Mit dem Bau der dafür vorgesehenen Rotunde nach einem Entwurf von Marek Dziekoński aus dem Jahr 1957 wurde erst 1968 begonnen, dann ruhte er mehrere Jahre. Bis heute ist die Rotunde die meistbesuchte Niederlassung des Breslauer Nationalmuseums.

114 Vgl. Harasimowicz, Suleja, Smolak (red.) 2006: 726.
115 Pielużek 2006.
116 Przyłęcka 2012: 182–183.
117 Vgl. Trzaskowska 2006; Burak, Okólska 2007.
118 Trzaskowska 2008.

3.5 Stadtentwicklung seit 1990

In der zweiten Hälfte der 1980er Jahre meldeten sich Bürgervereine, aber auch städtische Institutionen zu Wort, welche die Sanierung des historischen Stadtzentrums anstrebten. Diese Bemühungen verstärkten sich mit der demokratischen Wende in Polen im Jahr 1989. Dank derartiger Initiativen wurden die Baulücken, die auf die Zerstörungen in der Zeit der Festung Breslau und der Gebäudeabrisse gleich nach dem Zweiten Weltkrieg zurückgingen, wieder aufgefüllt. Diese bauliche Nachverdichtung entsprach an vielen Stellen dem Charakter der ursprünglichen Altstadtbebauung (beispielsweise in Form von Wiederaufbau oder Rekonstruktion). In ideeller Hinsicht bildete die gesellschaftliche Aktivität einen weiteren Schritt zur Entstehung einer städtischen Gemeinschaft, die sich mit ihrem Wohnort identifiziert.[119]

Die über alle Stadtteile verbreiteten Kleingartenkolonien sind in Breslau besonders zahlreich. Kleingärten und Parkanlagen, Friedhöfe und Wälder in der Stadt und ihrer Umgebung, Truppenübungsgelände und Überschwemmungsgebiete, welche in Oswitz und Weidenhof kommunale Abwässer aufnehmen, stellen eine tragende Säule des Ökosystems der Stadt dar.[120] Durch den Übergang zur kapitalistischen Marktwirtschaft nach 1989 gerieten insbesondere die zentrumsnahen Kleingärten zum Objekt der Begehrlichkeiten einer expandierenden Bau- und Immobilienwirtschaft. Infolgedessen schrumpft ihre Gesamtfläche ständig.

Als die Gräber der deutschen Verstorbenen eingeebnet wurden, sind auch die auf den Friedhöfen befindlichen deutschen Kriegsgräber zerstört worden. Aus politischen Gründen war es auch nach dem Ende der Volksrepublik Polen über Jahre hinweg nicht möglich, eine Begräbnisstätte für Angehörige der deutschen Militäreinheiten aus dem Zweiten Weltkrieg anzulegen. Erst 2002 sollte dies im Breslauer Vorort Groß Nädlitz (Nadolice Wielkie) gelingen, wenngleich in einer angespannten Stimmung und begleitet von öffentlichen Protesten. Der italienische Soldatenfriedhof aus der Zeit nach dem Ersten Weltkrieg am Gräbschener Friedhof wurde hingegen erhalten und gepflegt.

In Breslau befand sich bis 2011 der Sitz des Schlesischen Wehrbezirks. Nach der Auflösung dieser Ebene der Militärverwaltung blieb die Stadt Garnison für mehrere Militäreinheiten. Während der Zugehörigkeit Polens zum Warschauer Pakt (1955–1991) waren in Breslau auch zahlreiche sowjetische Soldaten an mehreren Standorten, hauptsächlich im Nordosten der Stadt, stationiert. Nachdem Polen seine völlige Souveränität wiedererlangt hatte und die letzten russischen Truppen im Jahr 1993 abgezogen waren, wurden die ehemaligen, großangelegten Kasernen im Stadtteil Karlowitz nach umfangreichen Renovierungsarbeiten zum Sitz der Fakultät für Sozialwissenschaften der Breslauer Universität.[121]

Die Erneuerung einer demokratisch legitimierten kommunalen Selbstverwaltung in Polen und die Bestimmung des Magistrats durch Kommunalwahlen (1990) führte zu etlichen Veränderungen. Kraft der Beschlüsse des Magistrats setzten sich die Oberbürgermeister von Breslau Bogdan Zdrojewski (1990–2001), Stanisław Huskowski (2001–2002) und Rafał Dutkiewicz (seit 2002) v. a. für Investitionen in die Verkehrsinfrastruktur und in die Sanierung des kommunalen Wohnungsbestandes in der Alt- und der Innenstadt ein. Bogdan Zdrojewski sorgte dafür, dass in den Jahren von 1995 bis 1998 der Oberflächenbelag und die Kanalisation des Breslauer Rings komplett erneuert wurde. Auf seine Amtszeit geht auch die Errichtung eines an der Westseite des Rings

Blick auf die Dominsel von der Sandinsel, 2012
Im Zuge des Entwicklungsprogramms „Stadt am Fluss" entstanden begrünte Uferpromenaden.

Sand- und Dominsel von Süden, 2004
Im Vordergrund dominieren die imposanten Backsteinbauten der Sandkirche, der Kreuzkirche und des Domes. Daran schließt sich nach Norden der 1808 eingemeindete Ortsteil Elbing (Ołbin) an.

119 Wolniczek 2012.
120 Ogorzałek 1997: 13–14.

121 Czulicki 2014: 54.

platzierten modernen Brunnens zurück, der damals kontrovers diskutiert wurde.
Die industrielle Produktion konzentrierte sich in dieser Phase noch immer überwiegend in den historischen Industrievierteln. Eine deutliche Veränderung hat sich dagegen im Stadtzentrum vollzogen, das aufgrund der Politik städtischer Raumordnung inzwischen wieder den Charakter einer großstädtischen City angenommen hat. Infolgedessen werden Industrie- und Wohnfunktion weitgehend nach außerhalb verlagert.[122]
In den Jahren von 2009 bis 2011 ließ der Stadtrat die frühere Jahrhunderthalle und bis 2015 das benachbarte Ausstellungsgebäude, den Vier-Kuppel-Pavillon aus dem frühen 20. Jh., renovieren.[123] Im Pavillon finden Ausstellungen des Nationalmuseums statt. Auf der Pergola vor der Jahrhunderthalle wurde ein Multimediabrunnen errichtet. Dieses Quartier wird vom größten Stadtpark Breslaus umgeben, dem Scheitniger Park, einer auf Fürst Friedrich Ludwig von Hohenlohe-Ingelfingen zurückgehenden Anlage aus dem 18. Jh. Zurzeit wird sie in einen Ort der Freizeit und Unterhaltung umgestaltet. Gegenüber der Jahrhunderthalle, in dem während der Nachkriegsjahre vergrößerten Zoologischen Garten (heute 33 ha) an der Grüneicher Straße (später Horst-Wessel-Straße, heute ul. Zygmunta Wróblewskiego) eröffnete im Jahr 2014 das „Afrykarium" – das erste Ozeanarium Polens. Es ist ausschließlich der Tierwelt Afrikas gewidmet.
Dank zahlreicher Anstrengungen in jüngster Zeit verstärkte die Stadt ihre Stellung als bedeutender Kulturstandort. In Breslau befindet sich u. a. das Historische Museum, das seit 2008 im Breslauer Stadtschloss der Hohenzollern-Könige an der früheren Karlstraße (ul. Kazimierza Wielkiego) untergebracht ist. Im Jahr 2011 wurde das Museum für Zeitgenössische Kunst Breslau (Muzeum Współczesne Wrocław) ins Leben gerufen, das vorübergehend in einem Hochbunker am Striegauer Platz (pl. Strzegomski) aus den frühen 1940er Jahren (nach Entwurf von R. Konwiarz) untergebracht war. Der neue Sitz entsteht an der ehemaligen Breiten Straße (ul. J. E. Purkyniego) in der Nähe der Rotunde des Panoramas von Racławice. 2015 eröffnete an der Graupenstraße (ul. Krupnicza) das Nationale Forum für Musik, das anstelle des im Zweiten Weltkrieg zerstörten Gebäudes des Schlesischen Landtags (ab 1899 Schlesisches Museum für Kunsthandwerk und Altertümer) entstand. Die Stadt ist auch auf die Gestaltung ihrer Nachkriegstraditionen bedacht, der das Geschichtszentrum Zajezdnia (Depot) im durch die Streiks von 1980 berühmten Straßenbahn- und Busdepot an der Gräbschener Straße (ul. Grabiszyńska) gewidmet sein wird.
Nach 1989 kam die Flussschifffahrt in Breslau fast völlig zum Erliegen. Eingeschränkt wird sie von den vergleichsweise schmalen Schleusen auf der Oder, die an die Größe moderner Binnenschiffe nicht angepasst sind. Derzeit wird auf der Oder in erster Linie Kohle für die Heizungsanlagen der Stadt transportiert. In den letzten Jahren begünstigten die städtischen Behörden die Öffnung der Stadt zur Oder und zu ihrem Netz von Wasserwegen. An den Boulevards entstanden Naherholungsgebiete und etliche Wohnsiedlungen, so im Bereich der ehemaligen Klosterstraße (ul. R. Traugutta), auf dem Bürgerwerder und in Schwoitsch (1937–1945 Güntherbrücke, seit 1945 Swojczyce), wo am Verladekanal die Siedlungen Olimpia Port (seit 2012) und Nowy Port (seit 2014) entstehen. Städtebaulich umstritten ist die Entstehung zahlreicher geschlossener Wohnkomplexe (*gated communities*), die von schwachen öffentlichen Funktionen gekennzeichnet sind. Aufgrund dieser Mängel erfüllen die bereits

Ausstellungsgelände mit der Jahrhunderthalle, um 1990

Ring und Umgebung von Südwesten, 2004
Aus der einheitlich bebauten Stadtmitte ragen die Türme des Rathauses und der Magdalenenkirche sowie das Hochhaus der Bank Zachodni WBK (früher Städtische Sparkasse) im Vordergrund hervor.

122 Kłopot 2002: 218.
123 Nach 1945 wurden von der Spielfilmproduktion Breslau (Wytwórnia Filmów Fabularnych we Wrocławiu, heute Zentrum für Audiovisuelle Technologien; Centrum Technologii Audiowizualnych – CETA).

vor dem Zweiten Weltkrieg in der Stadt geschaffenen öffentlichen Räume noch immer die wichtigste Rolle. Für Kontroversen sorgen in der Stadtbevölkerung zudem Eingriffe in gewachsene Wohnviertel, die auf zunehmenden Anlagen von privatem Kapital beruhen.[124] Einerseits bringen solche Investitionen oft dringend notwendige, zurzeit aber meist nur punktuelle Sanierungsmaßnahmen mit sich; andererseits führen sie zu einer erheblichen Steigerung der Mieten und Wohnungspreise sowohl in den renovierten Gebäuden als auch in deren näherer Umgebung, da Immobilienbesitzer auf zahlungskräftige Kunden abzielen, die ihre Wohnung eher in einer sanierten Umgebung mit einer guten Infrastruktur suchen. Durch die steigenden Lebenshaltungskosten wird jedoch die alteingesessene Bevölkerung verdrängt, da sie sich diese nicht mehr leisten kann. Dieses als Gentrifizierung aus zahlreichen Großstädten v. a. der wirtschaftlich hochentwickelten Länder bekannte Phänomen hält mittlerweile Einzug auch in polnische Großstädte.

Die Gefahren, die ein großer Fluss im Stadtgebiet mit sich bringen kann, zeigten sich in Breslau besonders dramatisch im Juli 1997, als es im Einzugsgebiet der Oder zu einer Überschwemmungskatastrophe kam. Nach Schätzungen standen bis zu 26,5 % des Stadtgebiets unter Wasser.[125] Die Sachschäden beliefen sich auf rund 800 Mio. Zloty (knapp 220 Mio. €). 2.583 Wohnhäuser (etwa 9 %) Breslaus wurden überflutet. 44 km Straßen und 21 Wasserüberquerungen wurden zerstört. Andererseits sehen einige Soziologen die so rege Beteiligung von Breslauer Bürgern an den Rettungsbemühungen als einen entscheidenden, wenn nicht gar abschließenden Moment bei der Bildung einer städtischen Zivilgesellschaft.[126] Ein weiteres starkes Hochwasser im Juni 2010 verursachte in der Stadt keine derart hohen Schäden. Zurzeit wird mit maßgeblicher Förderung durch EU-Gelder die Sanierung des Breslauer Wasserknotens durchgeführt, deren Kosten auf 1,307 Mrd. Zloty (nahezu 700 Mio. €) geschätzt werden. Der EU-Kohäsionsfonds beteiligt sich daran mit über einem Viertel der Gesamtsumme.[127] Die in der Stadt durchgeführten Wasserbaumaßnahmen sollen zusammen mit anderen – darunter ein großer Stausee bei Ratibor (Racibórz) – die Ortschaften im Einzugsbereich der Oder wirksam vor Hochwasser schützen. Im Zuge eines als „Stadt am Fluss“ bezeichneten touristischen Entwicklungsprogramms erfolgt der Ausbau des Wegenetzes entlang der Oder und die Bewirtschaftung der Oderinseln.[128]

Angesichts einer starken Zunahme der Anzahl an Personenkraftwagen sind Verkehrsfragen zu einem der Hauptprobleme der Stadt geworden. Im Rahmen der *Strategie Wrocław 2000 Plus* legt die Stadt daher einen Schwerpunkt auf den Um- und Ausbau des Verkehrswegenetzes.[129] Dieser zielt v. a. darauf ab, den Breslauer Ballungsraum an die wichtigen internationalen Verkehrswege anzuschließen. Dabei konnten in den Jahren von 2000 bis 2004 sieben größere Straßenbauprojekte realisiert werden. So wurde der westliche Abschnitt der inner-

Hauptbahnhof und Umgebung von Südwesten, 2004
Breslau bleibt ein wichtiger Verkehrsknotenpunkt und ist seit 2014 auch mit modernen Hochgeschwindigkeitszügen erreichbar. Im Vordergrund ist das markante Gebäude der ehemaligen Reichsbahndirektion (heute Regionale Direktion der Polnischen Staatsbahnen) zu erkennen.

124 Vgl. Biuro – organ prasowy BWA Wrocław 2/2010.
125 Wrzesiński 1997: 137.
126 Sitek 1997.
127 Karwecka 2014.
128 Janiszewska, Kłopot 2007: 264.
129 Dutkiewicz 2006.

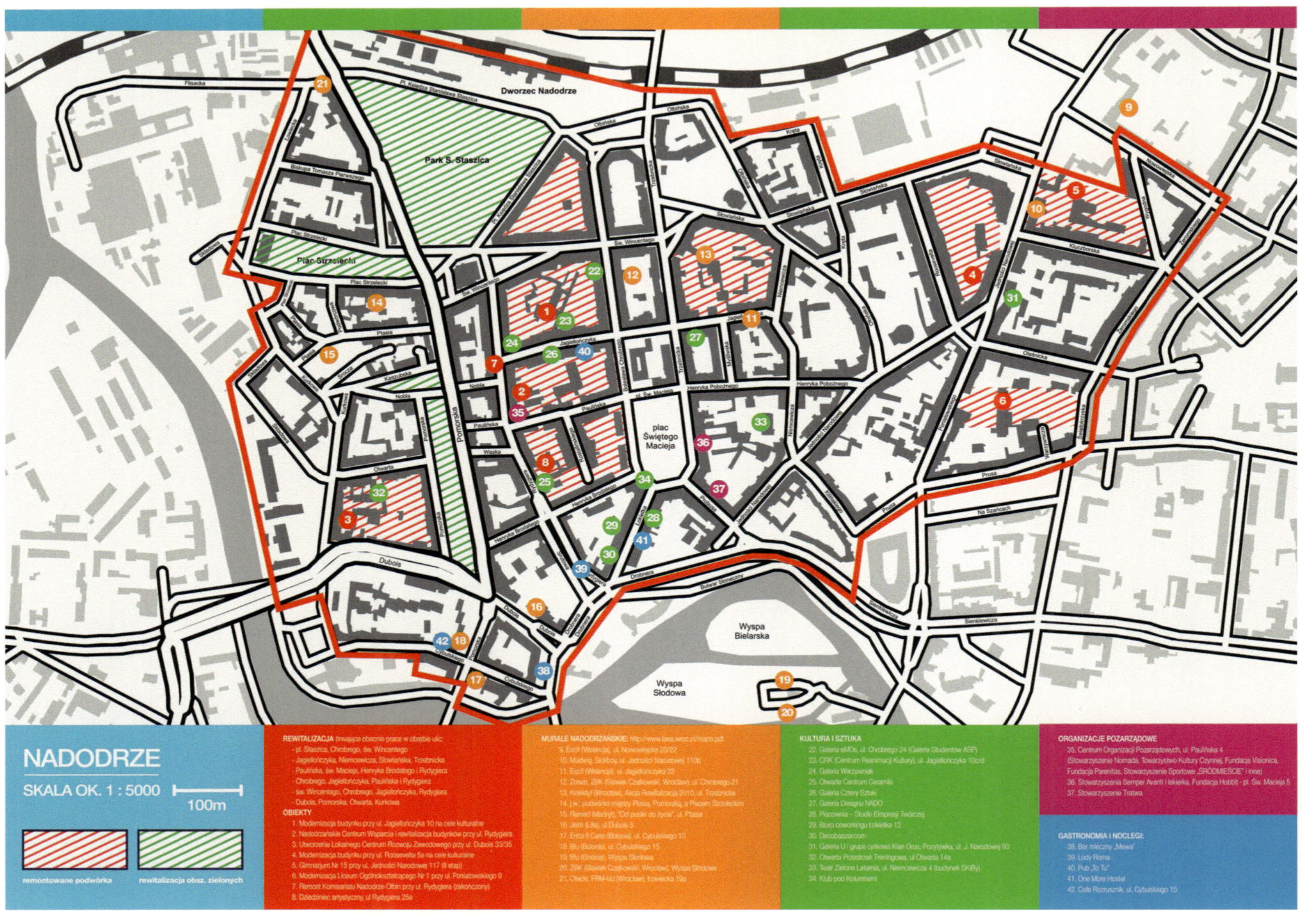

Informationsplan der Bürgerinitiative Łokietka 5, 1:5.000, 2012 (verkleinert)
In einigen Stadtteilen Breslaus entstanden seit 1989/90 Bürgerinitiativen. Dazu gehört die Fundacja Dom Pokoju (Stiftung Haus des Frieden), die u. a. den Łokietka 5 – Infopunkt Nadodrze ins Leben gerufen hat. Sie wollen die Weiterentwicklung der Stadt nicht allein den städtischen Planern und großen Investoren überlassen, sondern streben danach, eigene Gestaltungsideen umzusetzen.

Bürogebäude an der Weißgerberstraße (ul. Białoskórnicza), 2013

Modernes Bürogebäude mit Parkhaus an der früheren Karlstraße (ul. Kazimierza Wielkiego), 2004

Westliche Autobahnumgehung A 8 mit Ransernbrücke (most Rędziński), 2012

Städtisches Stadion (Stadion Miejski), 2012

städtischen Umgehungsstraße gebaut, von der bis Ende der 1980er Jahre nur der südliche Abschnitt verwirklicht worden war. U. a. entstand bei Klein Gandau eine 610 m lange Hochstraße (*Gądowianka*), die eine breite Gleisanlage überquert. Im Jahr 2004 wurde die *Milleniumsbrücke* (most Milenijny, nach Entwurf von Piotr Wanecki) über die Oder für den Verkehr freigegeben, was den Bau des nördlichen Abschnitts der Umgehungsstraße einleitete. Der projektierte Verlauf der östlichen Umgehung, insbesondere der Bau der Ostbrücke über die Oder auf die innerstädtische Große Insel, ruft Proteste Breslauer Bürger hervor, welche darin eine Gefahr für die Tier- und Pflanzenwelt in diesen Gebieten sehen, insbesondere für den größten Park der Stadt in Scheitnig.

Ähnliche Kontroversen, die erst nach jahrelangen Gerichtsverfahren beigelegt werden konnten, begleiteten den Bau der Breslauer Autobahnumgehung (A 8), die zwischen 2008 und 2011 fertiggestellt wurde. Sie beginnt im Süden der Stadt, bei Magnitz (1937–1945 Magning, seit 1945 Magnice), und im weiteren Verlauf, bei Bettlern (Bielany Wrocławskie), kreuzt sie die heutige Autobahn A 4, die zwischen der Grenze zu Deutschland in Hennersdorf (Jędrzychowice) und der Grenze zur Ukraine in Zebrzydowa verläuft. Die knapp 27 km lange Autobahnstrecke quert westliche und nördliche Stadtrandgebiete und geht in die Schnellstraße S 8 über, welche die Route nach Warschau erheblich verkürzt. Auf der Umgehungsautobahn entstand im Jahr 2011 unter der Leitung von Jan Biliszczuk die monumentale Ransernbrücke (most Rędziński), deren Länge 612 m (mit Zufahrtsstrecken 1.742 m) beträgt.[130]

Die Autobahn A 8 und der bereits fertiggestellte Teil der östlichen Umgehungsstraße stellen die ersten Teile der geplanten äußeren Umgehungsstraße nach dem Vorbild des Berliner Rings dar. Die östliche Umgehungsstraße verläuft bisher zwischen Schönborn (Żerniki Wrocławskie) im Süden und Lanisch (Łany) und Steine (Kamieniec Wrocławski) im Nordosten. Eine Weiterführung nach Bettlern bis zur Autobahn A 4 im Westen und nach Langewiese (Długołęka), bis zur Schnellstraße S 8 im Nordosten, ist für die nächsten Jahre geplant.

Diese Baumaßnahmen werden nicht alle Verkehrsprobleme lösen können, doch sollen sie sowohl den Verkehrsfluss zwischen den Stadtteilen Breslaus als auch die Reisezeiten in alle Himmelsrichtungen verkürzen. Einer besseren Verkehrsanbindung Breslaus und Niederschlesiens sollen auch die sich derzeit im Bau befindlichen Schnellstraßen von Breslau nach Posen im Norden (S 5) und von der Grenze zur Tschechischen Republik nach Stettin (S 3) mit dem Anschluss an die Autobahn A 4 in Liegnitz dienen.

Etliche Verkehrsinvestitionen in der Stadt selbst, insbesondere zwischen der Altstadt und dem entlegenen Vorort Deutsch Lissa (dessen Umgehung 2016 fertiggestellt werden soll), hingen mit der Beteiligung Breslaus an der Austragung der Fußball-Europameisterschaft im Jahr 2012 zusammen. In diesem Kontext entstand 2011 in der Nähe des Stadtteils Masselwitz das beeindruckende Städtische Stadion (Stadion Miejski) nach dem Entwurf der Firma JSK Architekci, das 45.105 Zuschauern Platz bietet.[131] In seiner Nachbarschaft verwirklichten die Planer einen Anknüpfungs- und Umsteigepunkt für verschiedene Arten des öffentlichen Verkehrs. Parallel dazu wurde im Osten der Stadt die Strecke zum Nikolaus-Kopernikus-Flughafen Breslau (Port Lotniczy Wrocław im. Mikołaja Kopernika) in Strachwitz ausgebaut. Der seit 1993 auch international genutzte, später erweiterte und 2012 mit einem neuen Passagierterminal ausgestattete Flughafen ist derzeit dem Verkehrsaufkommen nach der fünftgrößte in Polen (2.320.015 Passagiere und 6.729 t Güter im Jahr 2015).

Der Ausbau der öffentlichen Infrastruktur im Nahverkehrsbereich kann dagegen mit der rasanten Entwicklung der Wohngebiete am Stadtrand nicht mithalten. Da viele Breslauer aus der Stadtmitte in die Vororte zogen, staut sich der Verkehr auf den Zufahrtsstraßen in die Innenstadt insbesondere während der Hauptverkehrszeiten.

Während der Vorbereitungen auf die Fußball-EM 2012 wurde auch die Komplettrenovierung des Hauptbahnhofs durchgeführt. Zurzeit entsteht nebenan, auf dem Gelände des vormaligen Busbahnhofs, ein Einkaufszentrum. In seinem Untergeschoss soll der neue Busbahnhof Platz finden. Gleichzeitig wird das Projekt Tramwaj plus zum Ausbau des Straßenbahnnetzes verfolgt.

Auf besonders großes Interesse unter der jüngeren Bevölkerung stößt der Ausbau von Radwegen. Breslau hat – nach Warschau – das zweitlängste und weiterhin im Ausbau befindliche Radwegenetz Polens (215,4 km im Jahr 2014). Andererseits lässt die geplante Reduzierung der Parkplätze in der Innenstadt Befürchtungen aufkommen, dass dadurch die Attraktivität von Handel und Dienstleistungen in der Stadtmitte gegenüber einem vergleichbaren Angebot von Einkaufszentren außerhalb der Innenstadt, die über große Parkplatzflächen verfügen, zurückgeht.

Der Ausbau der Verkehrsinfrastruktur in Breslau und Umgebung verstärkte die Position der Stadt als Metropole. Parallel dazu bildete sich nach 1989 im Westen der Stadt ein neues Geschäftszentrum heraus. Bürogebäude erschienen im Bereich der Frankfurter Straße (heute ul. Legnicka) und der Striegauer Straße (ul. Strzegomska), auf der Strecke vom Stadtzentrum zum Flughafen.

Abgesehen von zahlreichen Bürogebäuden und Wohnhochhäusern – unter ihnen der im Jahr 2013 fertiggestellte Sky Tower, mit 212 m eines der höchsten Gebäude in Polen –, entstehen in nahezu allen Stadtteilen große Einkaufszentren. Jenes im Ort Bettlern (Bielany), direkt an der Stadtgrenze (Park Handlowy Bielany), ist mit 145.000 m² Verkaufsfläche (2015) das größte seiner Art

Neubau der Universitätsbibliothek, 2012

Hauptgebäude der Universität, 2012

Neubau des Instituts für Informatik der Universität, 2012

130 Dowgiałło-Tyszka 2012: 41.

131 www.http://stadionwroclaw.pl [24.08.2015 r.].

in Polen. Diese Entwicklung führte jedoch zur Verdrängung der kleineren Einzelhandelsunternehmen, die im Zuge der Privatisierung in den frühen 1990er Jahren in großer Zahl entstanden waren. Im historischen Stadtkern ist deren Anzahl nach dem Bau des Einkaufszentrums am Dominikanerplatz (pl. Dominikański) im Jahr 2001 spürbar gesunken.
Zu den größten kommunalen Bauvorhaben gehörte die Erweiterung und Modernisierung der großen Kläranlage in Johannisberg (Janówek) im Norden der Stadt im Jahr 2012. Die Wasserleitungen konnten – hauptsächlich aufgrund der hohen Kosten – noch nicht komplett ausgetauscht werden. An den mittlerweile zu einem erheblichen Teil maroden Leitungen treten regelmäßig Schäden auf, die zu Wasserrohrbrüchen und unkontrolliertem Wasseraustritt bis hin zum zeitweiligen Ausfall der Wasserversorgung für mehrere Stadtteile führen. Die Ausgaben für die bereits getätigten Investitionen beanspruchten allerdings beträchtliche Summen, was dazu führte, dass die Schulden der Stadt zusammen mit jenen der kommunalen Unternehmen 5,876 Mrd. Zloty (1,382 Mrd. €) erreichten. Breslau gehört damit zu den am höchsten verschuldeten Städten Polens. Gleichzeitig gehört sie mit einem hier erwirtschafteten Bruttoinlandsprodukt von 43,658 Mrd. Zloty (10.407 Mrd. €, d. h. 2,6 % des nationalen Gesamtwerts) im Jahr 2013 zu den reichsten Städten des Landes, sodass die Zinslasten und die Rückzahlung von Krediten bisher problemlos getragen werden konnten.
Einen erheblichen Investitionsschub erfuhr Breslau durch den Beitritt Polens zur Europäischen Union im Jahr 2004. Außer einer gestiegenen Attraktivität bei privaten ausländischen Investoren brachte dies auch den Zugang zu EU-Fördermitteln mit sich. Sie wurden etwa für Ausbau und Modernisierung der Infrastruktur verwendet, die an die Anforderungen der EU angepasst werden musste. Dadurch konnte beispielsweise mit der Überholung der Kanalisation begonnen werden. Unterdessen wird die bisherige individuelle Kohlebeheizung in den Einfamilienhäusern durch den Anschluss an das Erdgasnetz und in den alten Mehrfamilienhäusern durch die Anbindung an das städtische Fernwärmenetz modernisiert. Infolgedessen ergab sich für die Einwohner jedoch ein drastischer Anstieg der Gebühren für die Nutzung der kommunalen Infrastruktur.
Der Zusammenbruch der eine Vielzahl belastender Emissionen ausstoßenden großen Industriebetriebe während der Transformationsphase nach 1989 trug zur Verbesserung der Umweltsituation in und um Breslau bei. Diese Veränderungen gingen allerdings mit einer Zunahme der Arbeitslosigkeit einher. Für die Industriearbeiter ergaben sich jahrelang kaum Chancen auf dem Arbeitsmarkt. Heute gibt es in der Stadt mehr postindustrielle Unternehmen, die sich auf die neuen Technologien stützen, darunter das 2015 in Herrnprotsch (Pracze Odrzańskie) errichtete, große wissenschaftliche Forschungszentrum EIT+, als herkömmliche Fabriken. Die Arbeitslosigkeit ging 2015 auf 3,4 % (im Vergleich zu landesweit 9,8 %) zurück, was in der Praxis Vollbeschäftigung entspricht. Die traditionellen Industriezweige sind dennoch nicht restlos verschwunden. An der erst in der Nachkriegszeit entstandenen *Mydlana-Straße* (ul. Mydlana) befindet sich eine Busfabrik des schwedischen Konzerns Volvo, und im Bereich des Versandkanals gibt es mehrere Betriebe der US-amerikanischen Firma 3M.
Losgelöst von den sozialen und politischen Krisen in Polen entwickelte sich Breslau stetig zu einem florierenden und attraktiven Hochschulstandort. Im Jahr 2014 gab es hier 122.148 Studierende, von denen 79.913 das reguläre Tagesstudium absolvierten. Nach Jahrzehnten eines schier unaufhaltsamen Wachstums zeichnet sich allerdings zuletzt aufgrund des demografischen Wandels mit geburtenschwachen Jahrgängen und angesichts einer dauerhaft hohen Zahl von Auswanderern gerade unter den jungen Menschen eine Kehrtwende ab.
Im gesamten Stadtgebiet werden seit mehreren Jahren zahlreiche Wohnprojekte umgesetzt, und zugleich wirken sich die Prozesse der Suburbanisierung immer stärker aus. Insbesondere jene mit höherem Einkommen ziehen in die Vororte und in benachbarte Dörfer um. Dies trug zum Rückgang der Einwohner Breslaus bei, der schon seit den 1980er Jahren beobachtet werden konnte. Dieser Trend scheint jedoch gestoppt. Aufgrund von Zuwanderung steigt die Einwohnerzahl zurzeit wieder, wenngleich nur langsam. Nach der Volkszählung von 2011 gaben von 630.131 Einwohnern 3,4 % eine andere ethnische Zugehörigkeit als polnisch an. Hiervon stellten die größte Gruppe die mit Oberschlesien verbundenen Schlesier dar (2.029 bzw. 0,3 %), gefolgt von den Deutschen (1.351 bzw. 0,2 %), Ukrainern (1.188 bzw. 0,2 %; seit Beginn des Krieges in der Ukraine im Jahr 2014 vervielfachte sich jedoch ihre Zahl) und Juden (555 bzw. 0,1 %). Obwohl diese Zahlen verhältnismäßig niedrig sind, stiegen sie im Vergleich zu der Volkszählung von 2002 bei jeder der bedeutenderen Minderheitengruppen in der Stadt um ein Vielfaches. Bis zum Jahr 2014 erhöhte sich die Einwohnerzahl auf 634.487. Breslau ist heute an Einwohnern die nach Warschau, Krakau und Łódź viertgrößte Stadt Polens und flächenmäßig (292,82 km^2) die fünftgrößte.
Trotz schwieriger Bedingungen für die Stadtentwicklung erreichte Breslau in den letzten Jahren die vielleicht höchste überregionale Bedeutung in seiner Geschichte. Dies ist das Ergebnis einer äußerst dynamischen Entwicklung der Stadt, die sich dank dem Beitritt Polens zur Europäischen Union im Jahr 2004 abzeichnete. Die aktuellen Fortschritte bei der Entwicklung der Stadt und ihre weiträumige internationale Verflechtung, die mit der Pflege des eigenen historischen und kulturellen Erbes einhergehen, trugen dazu bei, dass Breslau für 2016 mit dem Titel Kulturhauptstadt Europas geehrt wurde.

Sky Tower von Nordosten, 2012

Wrocław, plan miasta, 1 : 22.500, Expressmap 2014 (Ausschnitt, verkleinert)

KLETSCHKAU
ODER
Bürgerwerder
NIKOLAI-VORSTADT
TSCHEPINE
SAND-VORSTADT
ELBING
Sand-insel
Dominsel
Botanischer Garten
Rathaus
Ring
ALTSTADT
SCHWEIDNITZER VORSTADT
OHLAUER VORSTADT
Freiburger Bahnhof
Hauptbahnhof
Bahnhof Odertor
Kleinbahnhof
Jüdischer Friedhof
Waschteichpark
Volkspark
HUBEN
HERDAIN
Reichspräsidentenplatz
Kaiser-Wilhelm-Straße
Gartenstraße
Tauentzienplatz
Schweidnitzer Straße
Ohlauer Straße
Kaiserbrücke
Lessingbrücke
Königsbrücke
1 Kleine Dreilindengasse
2 Ballhofgasse
3 Burghartstraße
4 Moechnerstraße
1 Barbaragasse
2 Grenzhausg.
3 Röhrgasse
1 Prälatenweg
2 Scheitniger Str.
3 An der Kreuzk.
4 Kl. Domstr.
5 Kapitelweg
Hauptstraße
Sonstige Straße
Fußweg
Eisenbahn, Nebenbahn
Straßenbahn
Besonderes Gebäude
Bebaute Fläche
Private Freifläche
Öffentliche Freifläche
0 100 200 300 m
Maßstab 1 : 12.000
Breslau 1932, Altstadt und angrenzende Stadtteile, 1:12.000, BLOCHPLAN 2016
BLOCHPLAN

Breslau heute, Altstadt und angrenzende Stadtteile, 1:12.000, BLOCHPLAN 2016

Preußische Urmesstischblätter 1 : 25.000, 2827 Lissa, 1826/31; 2828 Breslau, 1826; 2891 Schmolz, 1826/31; 2892 Cattern, 1826
Die handgezeichneten Urmesstischblätter zeigen Breslau mit den frisch eingemeindeten früheren Vororten.

Lilienthal.
Schottwitz
Karlowitz.
Rosenthal.
Friedewalde.
Cawallen.
Kletschke.
POLN NEUDORF
Wilhelmsruh.
Leerbeutel.
ODER VORST.
LEHMDAMM.
SAND
DOM.
HINTER DOM.
Alt
Scheitnig.
Neu
Grüneiche
Zimpel
Barthel
Fürstens Garten.
ODER
Lehm
dorf
gruben
Huben
Herdain
Dürrgei
Rothkretscham
Morg
Bischam
Schwentnig
Kl:
Gr:
Tschansch
Althof
Woischwitz

Messtischblätter 1:25.000, 2827 Lissa, 1887; 2828 Breslau, 1886; 2891 Schmolz, 1886; 2892 Cattern, 1886

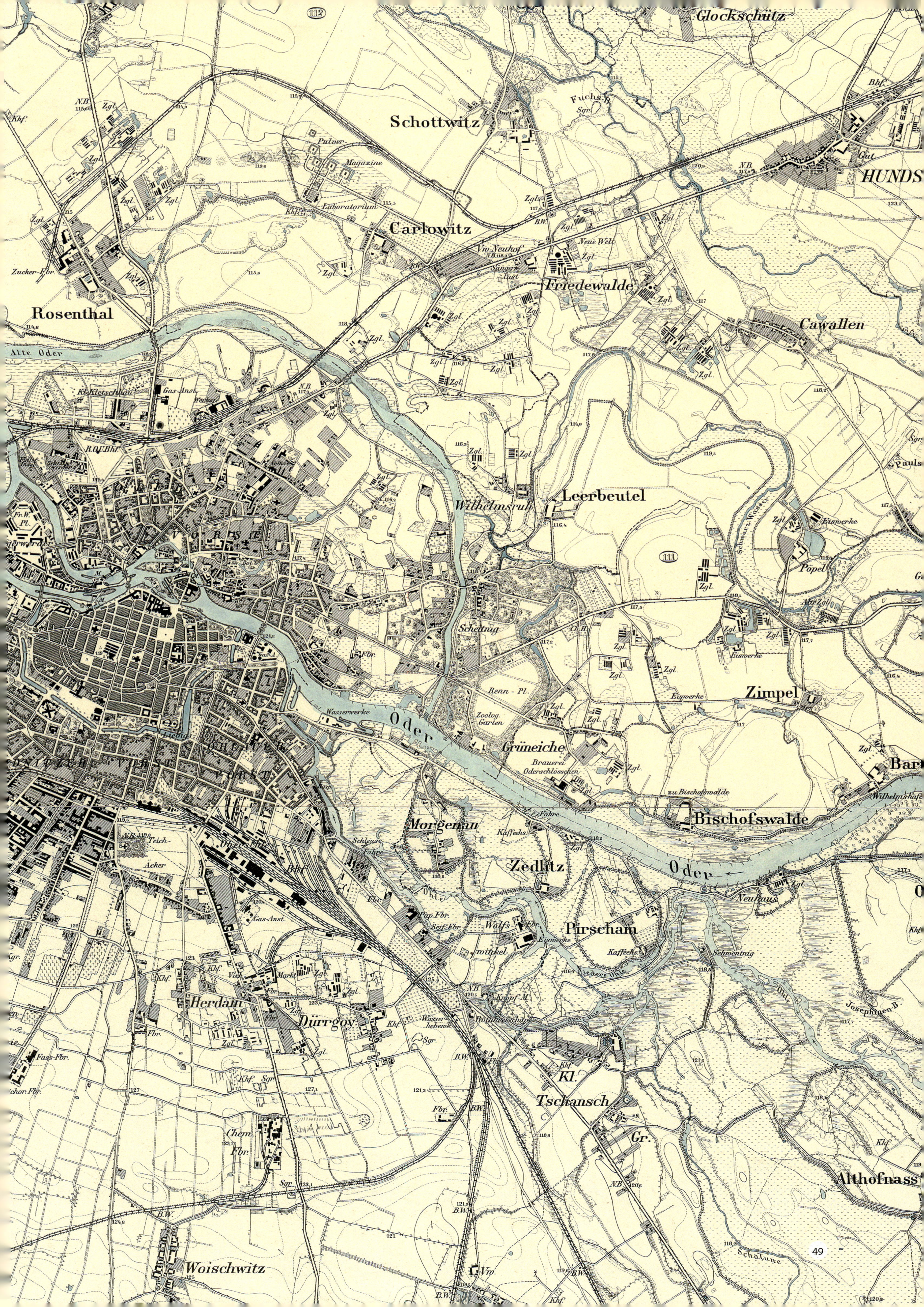

Glockschütz
Schottwitz
HUNDS
Carlowitz
Rosenthal
Friedewalde
Cawallen
Alte Oder
Leerbeutel
Wilhelmsruh
Popel
Scheitnig
Zimpel
Renn-Pl.
Zoolog. Garten
Grüneiche
Oder
Bischofswalde
Morgenau
Zedlitz
Pirscham
Herdain
Dürrgoy
Kl.
Tschansch
Gr.
Althofnass
Woischwitz
Wasserwerke
Magazine
Laboratorium
Neue Welt
Eismerke
Josephinen-B.
Schwentnig

Sandberg
Riem-
Waldvorwerk
Riesel-
felder
berg
Kiefer-B.
Peters-
dorf
Leipe
Ransern
Riesel-
felder
Massel-
witzer Wald
Herrnprotsch
Karolinenhof
Muckerauer
Wald
Quark-B.
Lange
Wiese
Marschwitz
Brennerberg
Spinnerei
Neu Stabelwitz
Gr. Masselwitz
Neuhaus
Brennerei
Oder
Oswitzer
Wald
Kl. Masselwitz
Villa Masselwitz
Pilsnitzer Wald
Brauerei
Stabelwitz
Kol. Stabelwitz
Altenhain
Dtsch. Lissa
Pilsnitz
Oswitz
Schiffswerft
Zollhs.
Kosel
Goldschmieden
Rathen
Herrmannsdorf
Schmiedefeld
Exerzierplatz
Pilsnitzer Zgl.
Sandauer Zgl.
Freigut
Kl. Gandau
Vw. Schäferei
50
52

Messtischblätter 1 : 25.000, 2827 Deutsch Lissa, 1913; 2891 Schmolz, 1913
Durch die voranschreitende Industrialisierung, die etwa zu dieser Zeit den größten Aufschwung erlebte, breitete sich die urbanisierte Fläche Breslaus auf die zunehmende Zahl der inzwischen eingemeindeten Orte aus. Auch innerhalb der alten Stadtgrenzen nahm die Flächennutzung an Intensität deutlich zu.

53

Sakrau
HUNDSFELD
Görlitz
Pawelwitz
Glockschütz
Cawallen
Friedewalde
Bischwitz
Kl. Bischwitz
Schottwitz
Carlowitz
Wilhelmsruh
Kryschanowitz
Pohlanowitz
Hünern
Weide
Protsch
Lilienthal
Rosenthal
BRESLAU
Peters dorf

50

Messtischblätter 1 : 25.000, 2828 Breslau (Nord), 1913; 2892 Breslau (Süd), 1913

51

56

Oder
Oswitz
Cosel
Pilsnitz
Pilsnitzer Wald
Masselwitzer Wald
Ransern
Petersdorf
Flughafen
Schmiedefeld
Neukirch
Masselwitz
Neuhaus
Herrnprotsch
Neu Stabelwitz
Stabelwitz
Vw. Altenhain
Goldschmieden
Marschwitz
Karolinenhof
Dtsch. Lissa
Rathen
Herrmannsdorf
Mückerauer Wald

54

Messtischblätter 1 : 25.000, 2827 Deutsch Lissa, 1934; 2891 Schmolz, 1934

Sakrau
Hundsfeld
Wendelborn
Groß Bischwitz
Kl. Bischwitz
Glockschütz
Burgweide
Burgweide-West
Weidebruck
Hünern
Weide
Weide-West
Rosenthal
Carlowitz
Friedewalde
BRESLAU
116

54

Messtischblätter 1 : 25.000, 2828 Breslau (Nord), 1934; 2892 Breslau (Süd), 1934

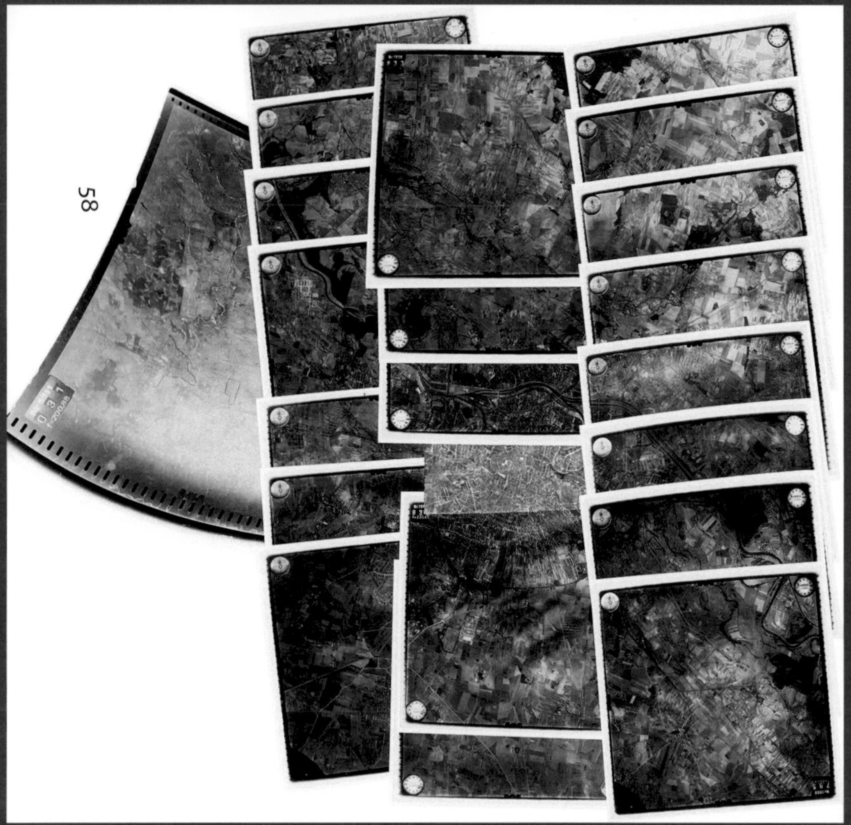

Breslau im Luftbild

Während des Zweiten Weltkriegs nahm die deutsche Luftwaffe, wie auch die Streitkräfte anderer Staaten, Luftbilder von strategisch wichtigen Orten auf, so auch von Breslau. Solche Senkrechtluftbilder sind eine Momentaufnahme der Erdoberfläche. Das hier abgedruckte Luftbild von Breslau ist eine Montage aus 32 Fotos eines Fluges vom 18. September 1944. Ergänzt wurde es im Westen durch ein Foto vom 7. Februar 1945, auf dem Deutsch-Lissa zu sehen ist, sowie durch Aufnahmen des Stadtzentrums vom Ende der 1930er Jahre.

Im Gegensatz zu Karten zeigen Luftbilder die Erde ohne zu generalisieren oder bewusst Inhalte zu verbergen. Daher eignen sich Luftbilder, um über die Herstellung von Karten zu reflektieren und Karteninhalte zu überprüfen. Dies gilt insbesondere für die 1940er Jahre. Denn der Krieg hinterließ in vieler Hinsicht Spuren in der Landschaft, etwa durch den Ausbau von Rüstungsbetrieben, von Verteidigungsanlagen und nicht zuletzt durch die Kampfhandlungen selbst. Solche Dynamiken der Veränderung sind in Karten kaum zu finden. Dies kann unterschiedliche Gründe haben: Topografische Karten werden zumeist nicht jährlich, sondern im Abstand von mehreren Jahren, teils gar Jahrzehnten, aktualisiert. Stadtpläne und anderes öffentlich zugängliche Kartenmaterial wurden teils stark generalisiert, so dass Einzelheiten nicht erkennbar sind. Spätestens mit Beginn des Krieges wurden Karten auch zensiert, um strategisch wichtige Orte vor dem Feind zu verbergen.

Das Luftbild Breslaus lässt sich aus diesem Blickwinkel mit den überlieferten topografischen Karten (S. 54–57), mit dem deutschen Stadtplan von 1940 (S. 30) und mit dem sowjetischen Stadtplan von 1945 (S. 31) vergleichen. So wird deutlich, wie sich der Stand der Aktualisierung sowie Eingriffe durch Generalisierung oder Zensur auf Karten auswirken, etwa am Beispiel des Breslauer Güterbahnhofs, der Linke-Hofmann-Werke und der Ardelt-Werke.

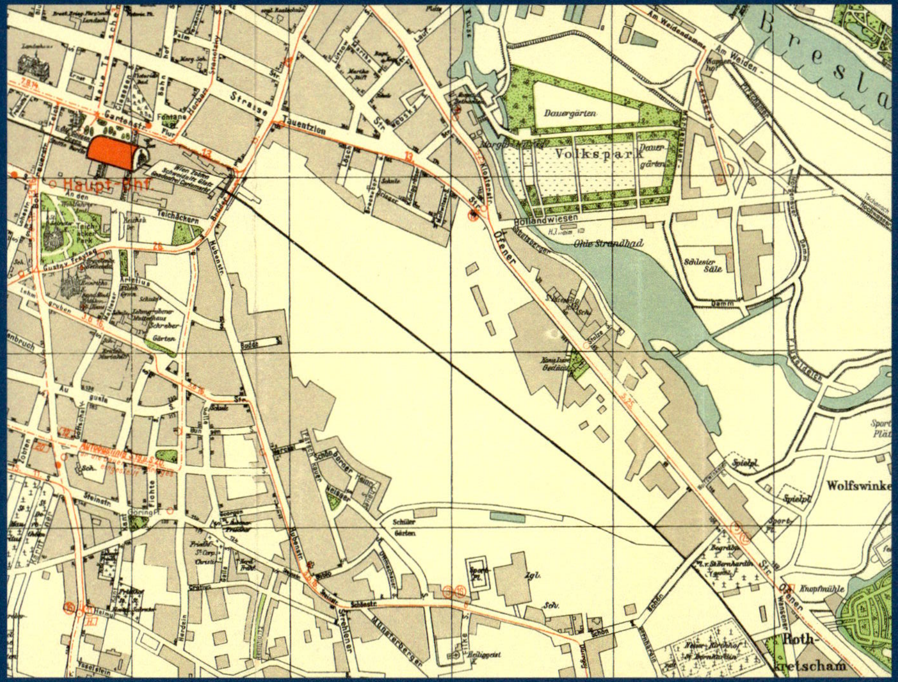

Güterbahnhof Breslau-Ost (I 7–8)
Der Güterbahnhof Breslau-Ost befindet sich östlich der Brüderstraße (heute: Generała Kazimierza Pułaskiego) in der Ohlauer Vorstadt. Bis in die 1930er Jahre waren die Verzweigungen des Schienennetzes in Stadtplänen dargestellt. Im deutschen Pharus-Plan von 1940 war die Abbildung so stark generalisiert, dass nichts mehr auf das Vorhandensein eines Güterbahnhofs hindeutete.

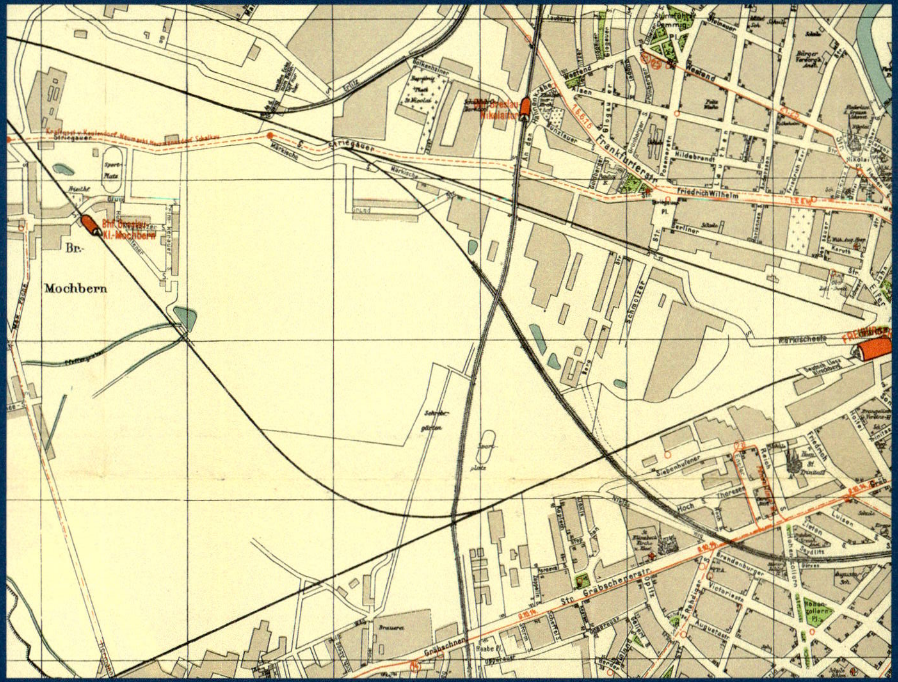

Linke-Hofmann-Werke (F 6)
In der Grundstraße 12 (heute: Fabryczna 12) befanden sich die Linke-Hofmann-Werke, einer der größten Industriebetriebe Breslaus, der Schienenfahrzeuge herstellte und ab 1943 auch Antriebsmotoren für die V2-Rakete fertigte.[1] In der Fabrikhalle Nr. 7 entstand 1944 das Außenlager Breslau II des Konzentrationslagers Groß-Rosen.[2] Im Pharusplan von 1940 fehlen die Linke-Hofmann-Werke vollständig.

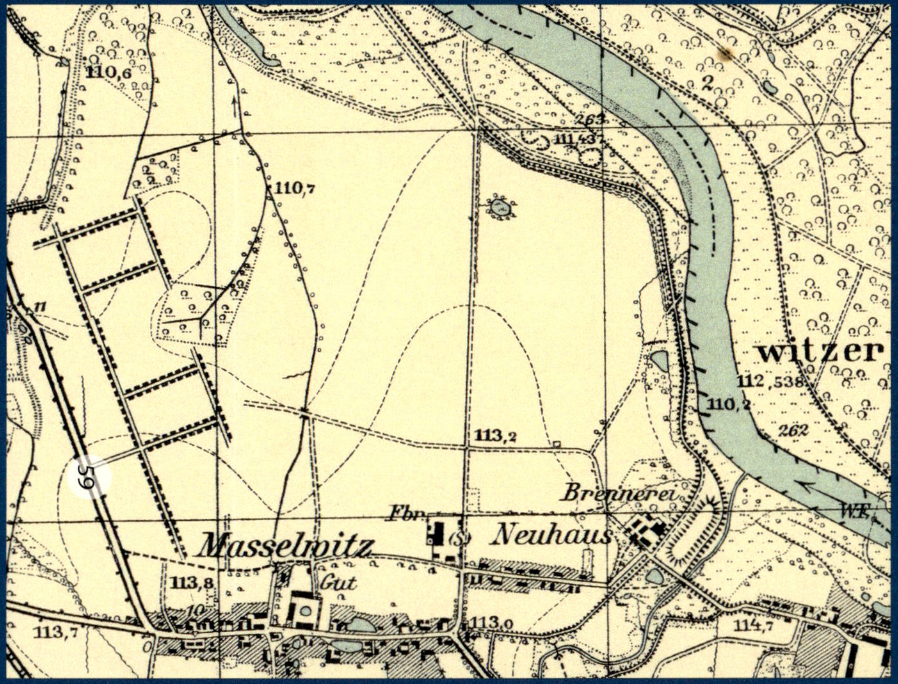

Ardelt-Werke Masselwitz (D 2)
Die Ardelt-Werke Eberswalde ließen in Breslau-Masselwitz (heute: Północna 15/19) 1938/39 zunächst eine Zweigstelle und später ein Lager für Zwangsarbeiter errichten. Das Masselwitzer Werk produzierte Rüstungsgüter.[3] Da der Stadtteil Masselwitz weit im Nordwesten des Stadtgebietes liegt, ist er auf dem Stadtplan nicht enthalten. Das topografische Kartenblatt stammt in seiner letzten deutschen Aktualisierung aus dem Jahr 1934, so dass das Luftbild von 1944 die einzige Quelle darstellt, um die Lage und Ausdehnung der Werke zu rekonstruieren.

1 Kreft 2000.
2 Sawicka 2008.
3 Kliche 2009; Kliche, Berus, Stendel 2006.

Senkrechtluftbildmontage, Breslau 1 : 25.000

61

1
2
58
3
4
5
G
H
I
J
K
L

Senkrechtluftbildmontage, Breslau 1:25.000
6
7
59
8
9
10

WROCŁAW
FABRYCZNA
ODRA
Rędzin
Maślice Małe
Maślice Wielkie
Pracze Odrzańskie
Stabłowice Stare
Stabłowice Nowe
Kozanów
Popowice
Gądów Mały
Pilczyce
Kuźniki
St. Wrocław Kuźniki
Żerniki
St. Wrocław Żerniki
St. Wrocław Pracze
St. Wrocław Osobowice
Złotniki
Leśnica
Marszowice
Kolonia Marszowice
Nowe Mokre
Nowa Karczma
Jerzmanowo
Ratyń

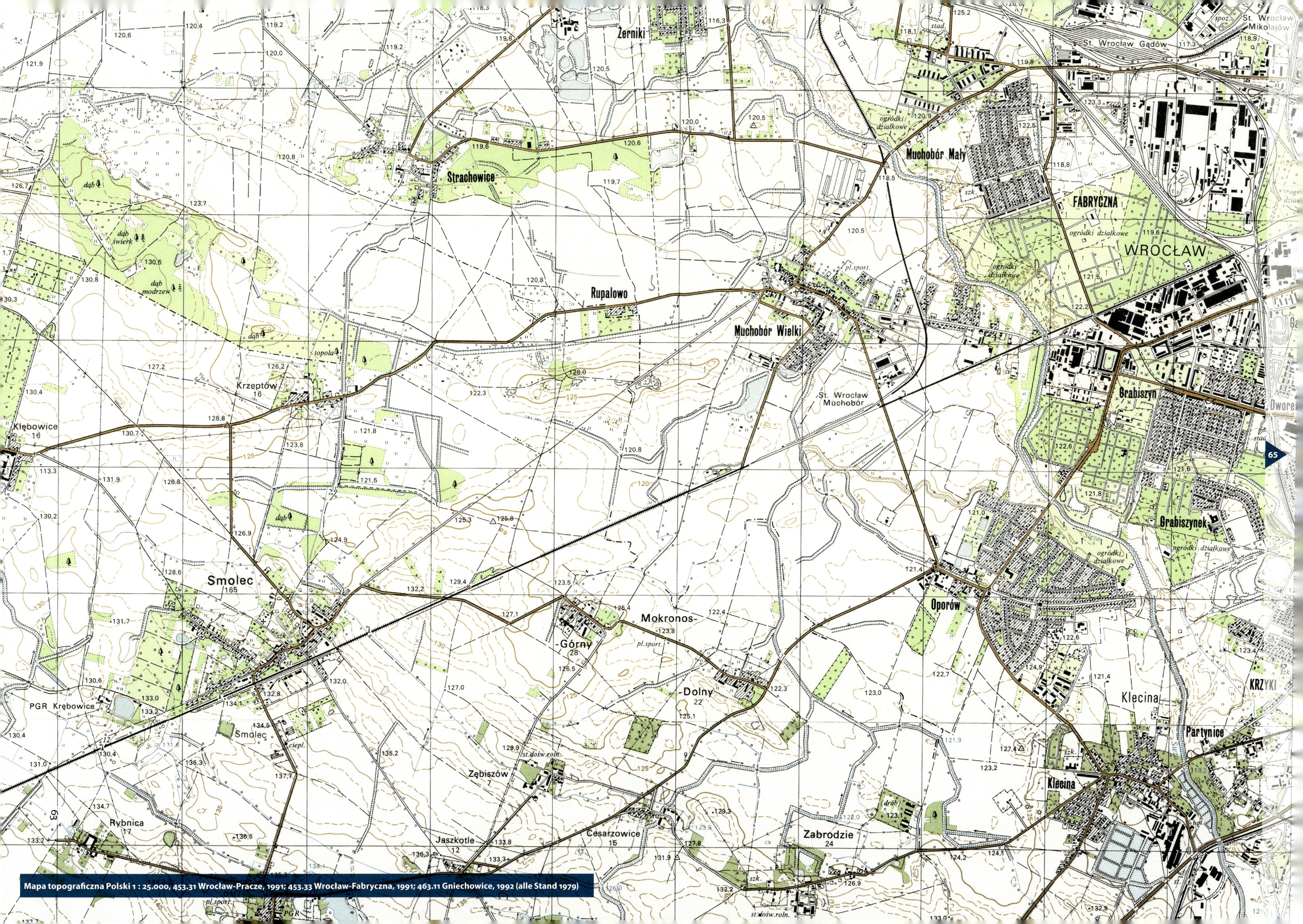

Mapa topograficzna Polski 1 : 25.000, 453.31 Wrocław-Pracze, 1991; 453.33 Wrocław-Fabryczna, 1991; 463.11 Gniechowice, 1992 (alle Stand 1979)

WROCŁAW
Zakrzów
Zgorzelisko
Gorlice
Swojczyce
Pawłowice
Kłokoczyce
Sołtysowice
PSIE POLE
Wrocław Kowale
Kowale
Zalesie
Wrocław Sołtysowice
Karłowice
ŚRÓDMIEŚCIE
Krzyżanowice
Polanowice
Ligota
Różanka
Widawa
Pracze Widawskie
Lipa Piotrowska
Osobowice
Wrocław Nadodrze
STARA ODRA
ODRA
62

Mapa topograficzna Polski 1 : 25.000, 453.32 Długołęka, 1992; 453.34 Wrocław, 1991; 463.12 Radwanice, 1992 (alle Stand 1980)

63

68

LIPA PIOTROWSKA
OSOBOWICE
Pola Irygacyjne
Las Osobowicki
ODRA
RĘDZIN
Las Pilczycki
Lasy Komunalne
(Las Rędziński)
WROCŁAW

69

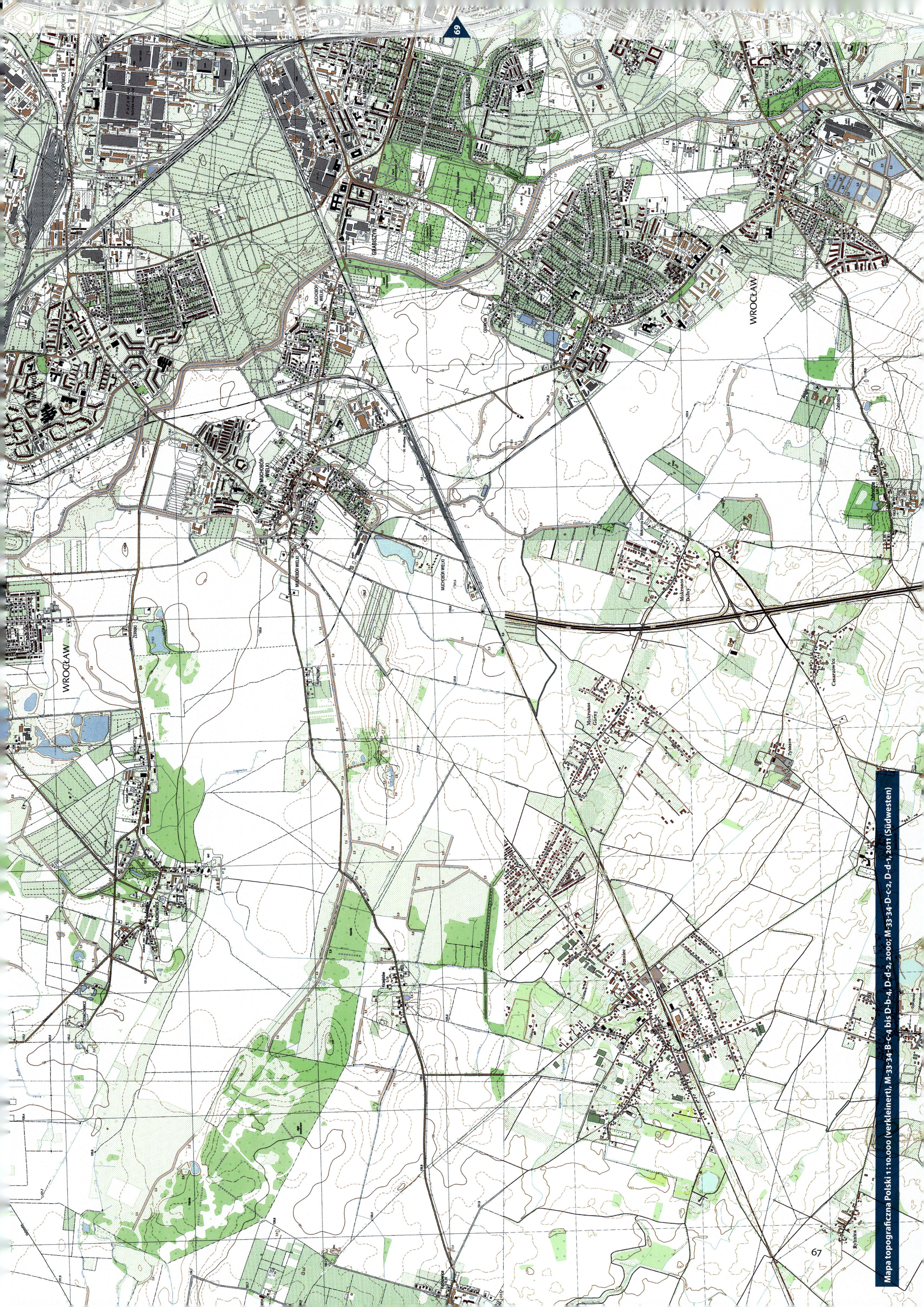

Mapa topograficzna Polski 1 : 10.000 (verkleinert), M-33-34-B-c-4 bis D-b-4, D-d-2, 2000; M-33-34-D-c-2, D-d-1, 2011 (Südwesten)

66

Mapa topograficzna Polski 1:10.000 (verkleinert), M-33-35-A-c-3 bis C-d-1, 2000

67

72

73

Ortofotomapa Polski, Breslau West, 2010 (verkleinert)

72
70

Ortofotomapa Polski, Breslau Ost, 2010 (verkleinert)

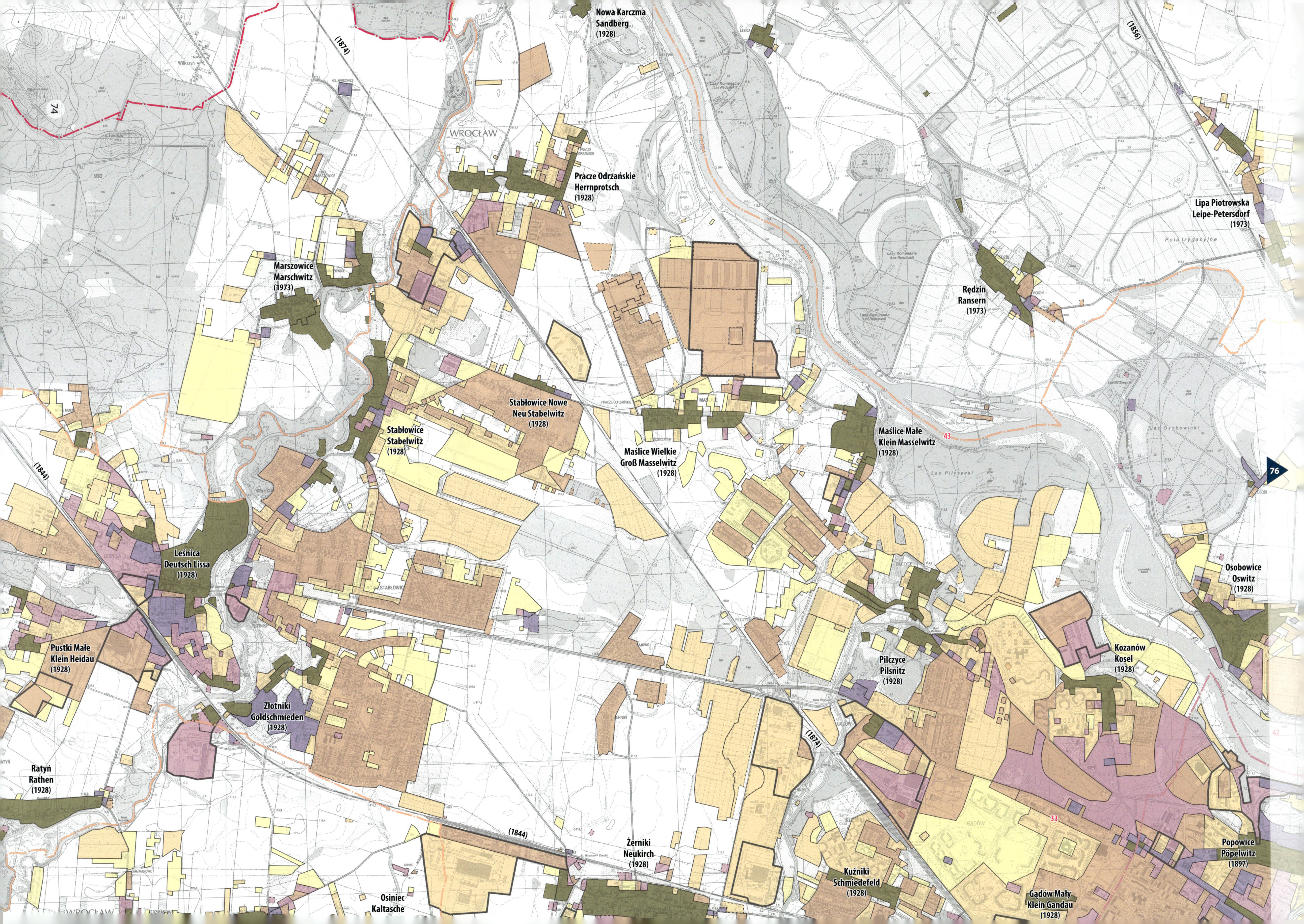
Nowa Karczma
Sandberg
(1928)
Pracze Odrzańskie
Herrnprotsch
(1928)
Lipa Piotrowska
Leipe-Petersdorf
(1973)
Rędzin
Ransern
(1973)
Marszowice
Marschwitz
(1973)
Stabłowice Nowe
Neu Stabelwitz
(1928)
Stabłowice
Stabelwitz
(1928)
Maślice Wielkie
Groß Masselwitz
(1928)
Maślice Małe
Klein Masselwitz
(1928)
Leśnica
Deutsch Lissa
(1928)
Osobowice
Oswitz
(1928)
Pustki Małe
Klein Heidau
(1928)
Złotniki
Goldschmieden
(1928)
Pilczyce
Pilsnitz
(1928)
Kozanów
Kosel
(1928)
Ratyń
Rathen
(1928)
Żerniki
Neukirch
(1928)
Kuźniki
Schmiedefeld
(1928)
Gądów Mały
Klein Gandau
(1928)
Popowice
Popelwitz
(1897)
Osiniec
Kaltasche
WROCŁAW
ODRA
(1874)
(1856)
(1844)
74
76
43
33
42

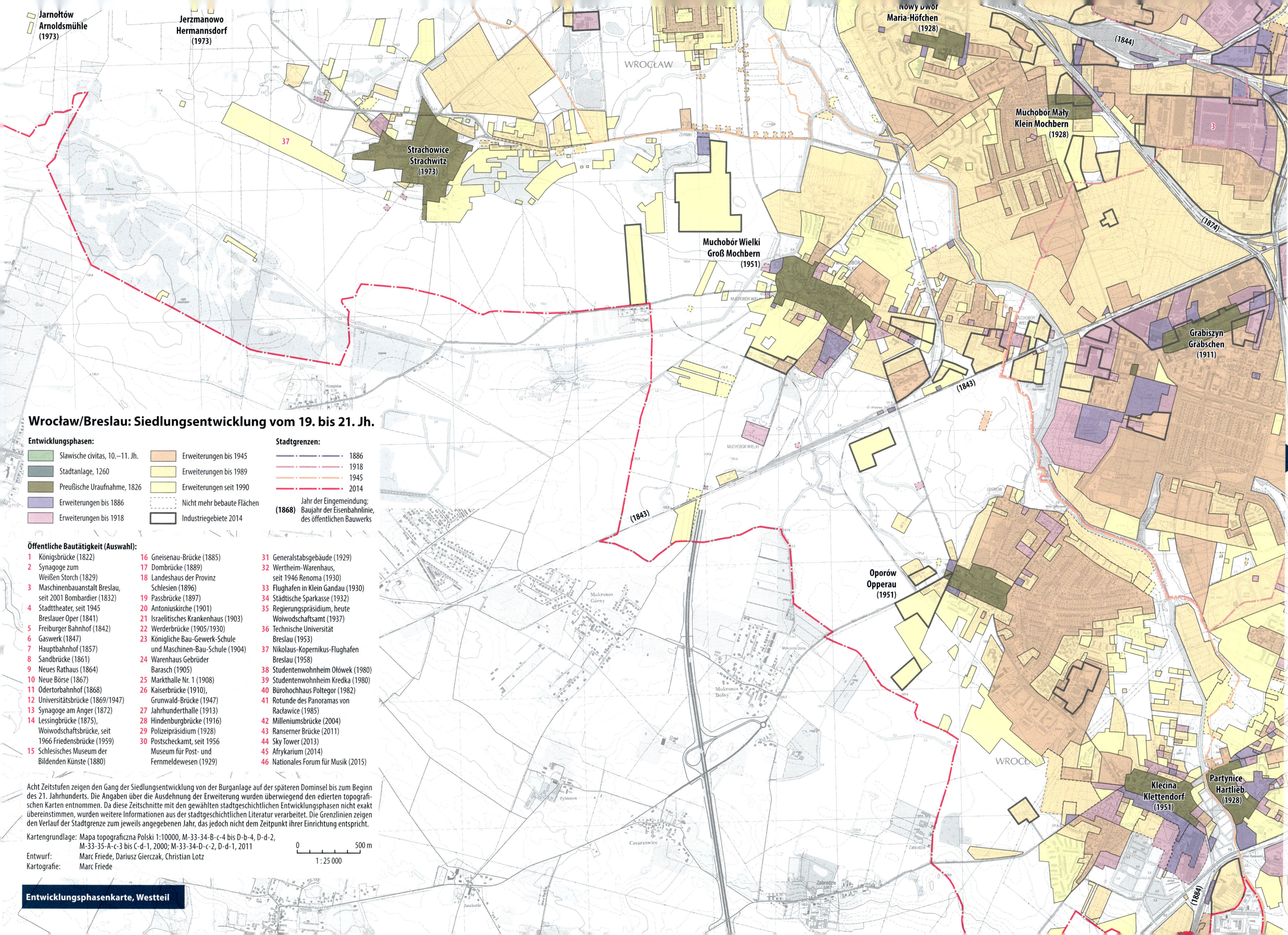

Wrocław/Breslau: Siedlungsentwicklung vom 19. bis 21. Jh.

Entwicklungsphasen:

- Slawische civitas, 10.–11. Jh.
- Stadtanlage, 1260
- Preußische Uraufnahme, 1826
- Erweiterungen bis 1886
- Erweiterungen bis 1918
- Erweiterungen bis 1945
- Erweiterungen bis 1989
- Erweiterungen seit 1990
- Nicht mehr bebaute Flächen
- Industriegebiete 2014

Stadtgrenzen:

- 1886
- 1918
- 1945
- 2014

(1868) Jahr der Eingemeindung; Baujahr der Eisenbahnlinie, des öffentlichen Bauwerks

Öffentliche Bautätigkeit (Auswahl):

1 Königsbrücke (1822)
2 Synagoge zum Weißen Storch (1829)
3 Maschinenbauanstalt Breslau, seit 2001 Bombardier (1832)
4 Stadttheater, seit 1945 Breslauer Oper (1841)
5 Freiburger Bahnhof (1842)
6 Gaswerk (1847)
7 Hauptbahnhof (1857)
8 Sandbrücke (1861)
9 Neues Rathaus (1864)
10 Neue Börse (1867)
11 Odertorbahnhof (1868)
12 Universitätsbrücke (1869/1947)
13 Synagoge am Anger (1872)
14 Lessingbrücke (1875), Woiwodschaftsbrücke, seit 1966 Friedensbrücke (1959)
15 Schlesisches Museum der Bildenden Künste (1880)
16 Gneisenau-Brücke (1885)
17 Dombrücke (1889)
18 Landeshaus der Provinz Schlesien (1896)
19 Passbrücke (1897)
20 Antoniuskirche (1901)
21 Israelitisches Krankenhaus (1903)
22 Werderbrücke (1905/1930)
23 Königliche Bau-Gewerk-Schule und Maschinen-Bau-Schule (1904)
24 Warenhaus Gebrüder Barasch (1905)
25 Markthalle Nr. 1 (1908)
26 Kaiserbrücke (1910), Grunwald-Brücke (1947)
27 Jahrhunderthalle (1913)
28 Hindenburgbrücke (1916)
29 Polizeipräsidium (1928)
30 Postscheckamt, seit 1956 Museum für Post- und Fernmeldewesen (1929)
31 Generalstabsgebäude (1929)
32 Wertheim-Warenhaus, seit 1946 Renoma (1930)
33 Flughafen in Klein Gandau (1930)
34 Städtische Sparkasse (1932)
35 Regierungspräsidium, heute Woiwodschaftsamt (1937)
36 Technische Universität Breslau (1953)
37 Nikolaus-Kopernikus-Flughafen Breslau (1958)
38 Studentenwohnheim Ołówek (1980)
39 Studentenwohnheim Kredka (1980)
40 Bürohochhaus Poltegor (1982)
41 Rotunde des Panoramas von Racławice (1985)
42 Milleniumsbrücke (2004)
43 Ranserner Brücke (2011)
44 Sky Tower (2013)
45 Afrykarium (2014)
46 Nationales Forum für Musik (2015)

Acht Zeitstufen zeigen den Gang der Siedlungsentwicklung von der Burganlage auf der späteren Dominsel bis zum Beginn des 21. Jahrhunderts. Die Angaben über die Ausdehnung der Erweiterung wurden überwiegend den edierten topografischen Karten entnommen. Da diese Zeitschnitte mit den gewählten stadtgeschichtlichen Entwicklungsphasen nicht exakt übereinstimmen, wurden weitere Informationen aus der stadtgeschichtlichen Literatur verarbeitet. Die Grenzlinien zeigen den Verlauf der Stadtgrenze zum jeweils angegebenen Jahr, das jedoch nicht dem Zeitpunkt ihrer Einrichtung entspricht.

Kartengrundlage: Mapa topograficzna Polski 1:10000, M-33-34-B-c-4 bis D-b-4, D-d-2, M-33-35-A-c-3 bis C-d-1, 2000; M-33-34-D-c-2, D-d-1, 2011
Entwurf: Marc Friede, Dariusz Gierczak, Christian Lotz
Kartografie: Marc Friede

0 – 500 m
1 : 25 000

Entwicklungsphasenkarte, Westteil

Wrocław/Breslau: Siedlungsentwicklung vom 19. bis 21. Jh.

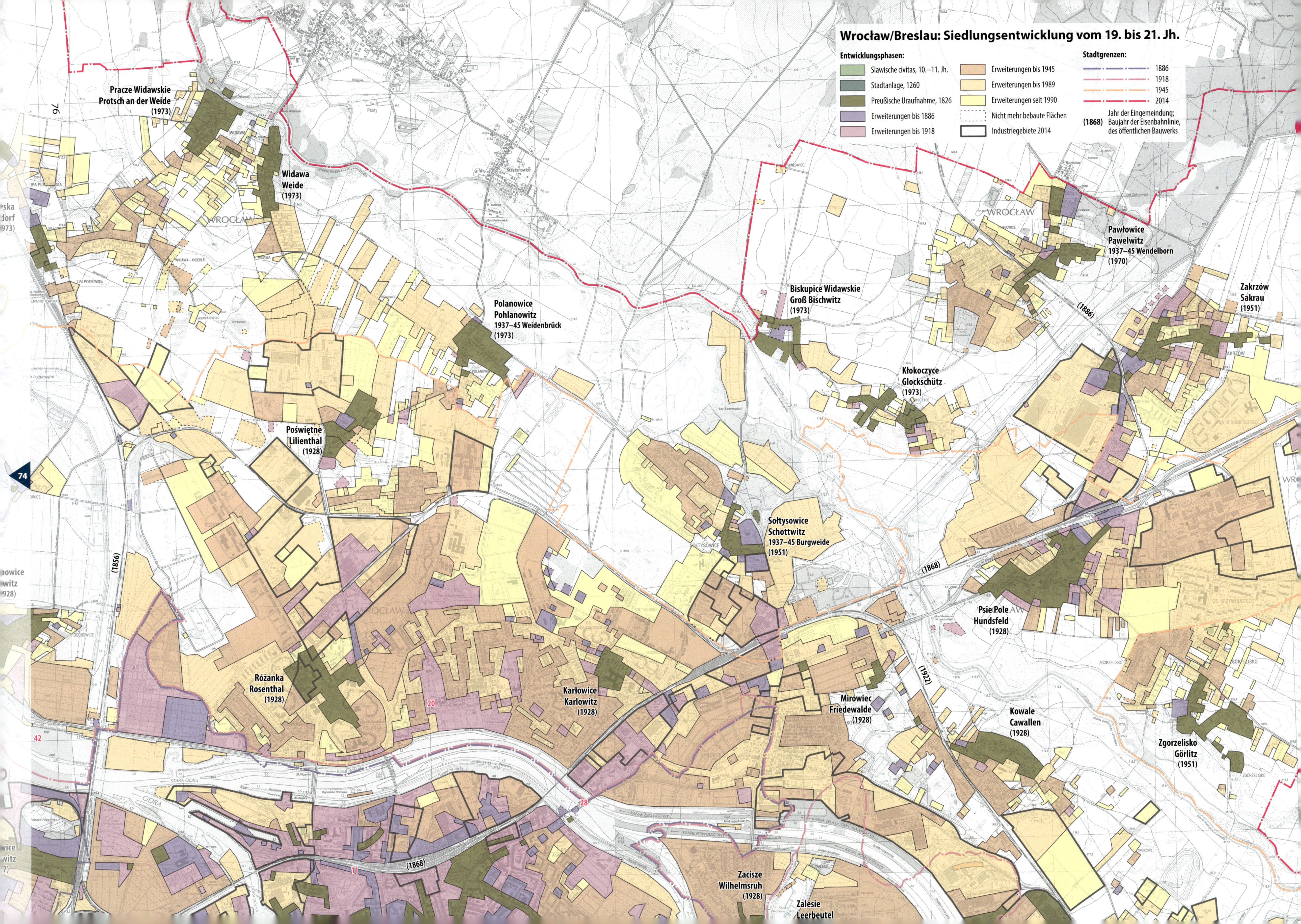

74

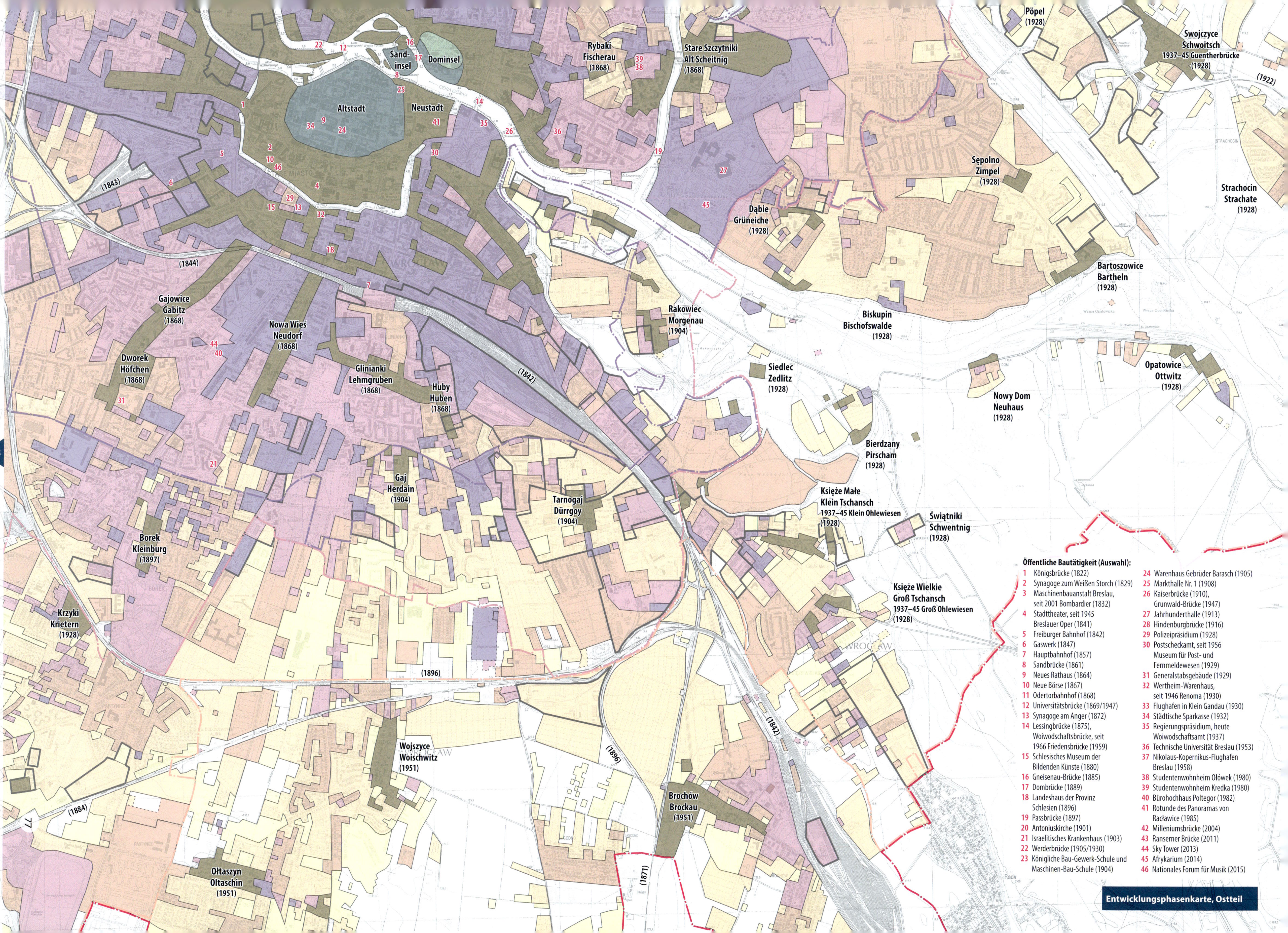
Entwicklungsphasenkarte, Ostteil
Öffentliche Bautätigkeit (Auswahl):
1 Königsbrücke (1822)
2 Synagoge zum Weißen Storch (1829)
3 Maschinenbauanstalt Breslau, seit 2001 Bombardier (1832)
4 Stadttheater, seit 1945 Breslauer Oper (1841)
5 Freiburger Bahnhof (1842)
6 Gaswerk (1847)
7 Hauptbahnhof (1857)
8 Sandbrücke (1861)
9 Neues Rathaus (1864)
10 Neue Börse (1867)
11 Odertorbahnhof (1868)
12 Universitätsbrücke (1869/1947)
13 Synagoge am Anger (1872)
14 Lessingbrücke (1875), Woiwodschaftsbrücke, seit 1966 Friedensbrücke (1959)
15 Schlesisches Museum der Bildenden Künste (1880)
16 Gneisenau-Brücke (1885)
17 Dombrücke (1889)
18 Landeshaus der Provinz Schlesien (1896)
19 Passbrücke (1897)
20 Antoniuskirche (1901)
21 Israelitisches Krankenhaus (1903)
22 Werderbrücke (1905/1930)
23 Königliche Bau-Gewerk-Schule und Maschinen-Bau-Schule (1904)
24 Warenhaus Gebrüder Barasch (1905)
25 Markthalle Nr. 1 (1908)
26 Kaiserbrücke (1910), Grunwald-Brücke (1947)
27 Jahrhunderthalle (1913)
28 Hindenburgbrücke (1916)
29 Polizeipräsidium (1928)
30 Postscheckamt, seit 1956 Museum für Post- und Fernmeldewesen (1929)
31 Generalstabsgebäude (1929)
32 Wertheim-Warenhaus, seit 1946 Renoma (1930)
33 Flughafen in Klein Gandau (1930)
34 Städtische Sparkasse (1932)
35 Regierungspräsidium, heute Woiwodschaftsamt (1937)
36 Technische Universität Breslau (1953)
37 Nikolaus-Kopernikus-Flughafen Breslau (1958)
38 Studentenwohnheim Ołówek (1980)
39 Studentenwohnheim Kredka (1980)
40 Bürohochhaus Poltegor (1982)
41 Rotunde des Panoramas von Racławice (1985)
42 Milleniumsbrücke (2004)
43 Ranserner Brücke (2011)
44 Sky Tower (2013)
45 Afrykarium (2014)
46 Nationales Forum für Musik (2015)
Altstadt
Neustadt
Sand-insel
Dominsel
Rybaki Fischerau (1868)
Stare Szczytniki Alt Scheitnig (1868)
Pópel (1928)
Swojczyce Schwoitsch 1937–45 Guentherbrücke (1928)
Strachocin Strachate (1928)
Sępolno Zimpel (1928)
Dąbie Grüneiche (1928)
Bartoszowice Bartheln (1928)
Biskupin Bischofswalde (1928)
Rakowiec Morgenau (1904)
Siedlec Zedlitz (1928)
Opatowice Ottwitz (1928)
Nowy Dom Neuhaus (1928)
Bierdzany Pirscham (1928)
Księże Małe Klein Tschansch 1937–45 Klein Ohlewiesen (1928)
Świątniki Schwentnig (1928)
Księże Wielkie Groß Tschansch 1937–45 Groß Ohlewiesen (1928)
Gajowice Gabitz (1868)
Nowa Wieś Neudorf (1868)
Dworek Höfchen (1868)
Glinianki Lehmgruben (1868)
Huby Huben (1868)
Gaj Herdain (1904)
Tarnogaj Dürrgoy (1904)
Borek Kleinburg (1897)
Krzyki Krietern (1928)
Wojszyce Woischwitz (1951)
Brochów Brockau (1951)
Ołtaszyn Oltaschin (1951)
(1842)
(1843)
(1844)
(1884)
(1896)
(1871)
(1922)

Literaturverzeichnis

Appelt, Heinrich; Irgang, Winfried; Menzel, Josef J. (Hg.): Schlesisches Urkundenbuch, Bd. 2. Köln 1977.

Appelt, Heinrich; Irgang, Winfried; Menzel, Josef J. (Hg.): Schlesisches Urkundenbuch, Bd. 3. Köln 1984.

Ascher, Abraham: A Community Under Siege. The Jews of Breslau Under Nazism. Stanford 2007.

Ascher, Abraham: Oblężona społeczność. Wrocławscy Żydzi w czasach nazizmu. Wrocław 2009.

Badstübner, Ernst; Popp, Dietmar; Tomaszewski, Andrzej; von Winterfeld, Dethard (Hg.): Dehio-Handbuch der Kunstdenkmäler in Polen. Schlesien. Berlin–München 2005, 1032–1153.

Bahlcke, Joachim (Hg.): Śląsk i Ślązacy. Warszawa 2001.

Bahlcke, Joachim (Hg.): Schlesien und die Schlesier. München 2005.

Bartsch, Heinrich: Die Städte Schlesiens (in den Grenzen des Jahres 1937). Daten und Fakten zu ihrer landes-, kultur-, wirtschafts- und sozialgeschichtlichen Entwicklung und Bedeutung. Dortmund 1977, 54–64.

Beelitz, Konstanze; Förster, Niclas: Breslau/Wrocław. Die Architektur der Moderne. Tübingen–Berlin 2006.

Berg, Max: Zukünftige Baukunst in Breslau als Ausdruck zukünftiger Kultur, in: Hallama, Georg (Hg.): Breslau. Berlin 1921, 28–41 (Deutschlands Städtebau).

Berger, Otto: Die Bauordnungen der Stadt Breslau von 1605 bis 1925. Breslau 1926.

Bińkowska, Iwona: Promenada wrocławska. Geneza powstania i pierwsze lata istnienia, in: Roczniki Sztuki Śląskiej, 15 (1991), 103–118.

Bińkowska, Iwona: Natura i miasto. Publiczna zieleń miejska we Wrocławiu od schyłku XVIII do początku XX wieku. Wrocław 2006.

Bińkowska, Iwona; Szopińska, Elżbieta (Hg.): Leksykon zieleni Wrocławia. Wrocław 2013.

Biuro – organ prasowy BWA Wrocław, 3 (2/2010).

Bodenschatz, Harald (Hg.): Renaissance der Europäischen Stadt?. Wiesbaden 2006 (Die alte Stadt; 33, H. 1).

Bohn, Thomas M. (Hg.): Von der „europäischen Stadt" zur „sozialistischen Stadt" und zurück? Urbane Transformationen im östlichen Europa des 20. Jahrhunderts. München 2009.

Borkowski, Maciej; Kirmiel, Andrzej; Włodawczyk, Tamara: Śladami Żydów. Dolny Śląsk, Opolszczyzna, Ziemia Lubuska. Warszawa 2008.

Breslauer Bezirksverein Deutscher Ingenieure (Hg.): Industrie und Ingenieurwerke in Mittel- und Niederschlesien. Festschrift zur 52. Versammlung des Vereins Deutscher Ingenieure in Breslau am 10. bis 14. Juni 1911.

Brzezicki, Sławomir; Klimek, Stanisław; Popp, Dietmar (Hg.): Breslau im Luftbild der Zwischenkriegszeit. Marburg–Wrocław 2008.

Brzezicki, Sławomir; Klimek, Stanisław; Popp, Dietmar (Hg.): Wrocław na fotografii lotniczej z okresu międzywojennego. Marburg–Wrocław 2008.

Burak, Marek; Okólska, Halina: Cmentarze dawnego Wrocławia. Wrocław 2007.

Buśko, Cezary; Goliński, Mateusz; Kaczmarek, Michał; Ziątkowski, Leszek: Historia Wrocławia, Bd. 1., Od pradziejów do końca czasów habsburskich. Wrocław 2002.

Buśko, Cezary: Wrocław u progu lokacji, in: Buśko, Cezary (Hg.): Wschodnia strefa Starego Miasta we Wrocławiu w XII-XIV wieku: badania na placu Nowy Targ. Wrocław 2005, 177–194.

Chorowska, Małgorzata: Średniowieczna kamienica mieszczańska we Wrocławiu. Wrocław 1994.

Chorowska, Małgorzata; Goliński, Mateusz: Rozwój społeczny i przestrzenny miasta polokacyjnego, in: Czacharowski, Antoni; Młynarska-Kaletynowa, Marta (Hg.): Atlas Historyczny Miast Polskich / Historischer Atlas polnischer Städte. Seria/Reihe IV: Śląsk: H. 1: Wrocław. Wrocław 2001, 7–9.

Chorowska, Małgorzata: Regularna sieć ulic. Powstanie i przemiany do początku XIV w., in: Piekalski, Jerzy; Wachowski, Krzysztof (Hg.): Średniowieczny Śląsk i Czechy. Centrum średniowiecznego miasta: Wrocław a Europa Środkowa. Wrocław 2010 (Wratislavia antiqua; 11), 67–90.

Ciołkosz, Andrzej; Ostrowski, Marek: Atlas of Satellite Images of Poland. Warszawa 1995.

Czacharowski, Antoni; Młynarska-Kaletynowa, Marta (Hg.): Atlas Historyczny Miast Polskich / Historischer Atlas polnischer Städte. Seria/Reihe IV: Śląsk: H. 1: Wrocław. Wrocław 2001.

Czaja, Roman: Bilanz und Perspektiven der polnischen Städteforschung, in: Duchhardt, Heinz; Reininghaus, Wilfried (Hg.): Stadt und Region. Internationale Forschungen und Perspektiven. Kolloquium für Peter Johanek. Köln 2005 (Städteforschung; A/65), 13–30.

Czapliński, Marek; Kaszuba, Elżbieta; Wąs, Gabriela; Żerelik, Rościsław: Historia Śląska. Wrocław 2008.

Czulicki, Maciej: Wybrane aspekty pobytu Północnej Grupy Wojsk Armii Radzieckiej w Polsce w latach 1945–1993 oraz wykorzystanie infrastruktury po jednostkach Armii Radzieckiej po 1993 r. Warszawa 2014.

Deutsches Polen-Institut Darmstadt (Hg.): Jahrbuch Polen 2007. Stadt. Wiesbaden 2007.

Dowgiałło-Tyszka, Joanna: Mosty i wiadukty. Warszawa 2012.

Dutkiewicz, Rafał (Hg.): Strategia „Wrocław w perspektywie 2020 plus". Wrocław [2006].

Ehbrecht, Wilfried: 30 Jahre Westfälischer Städteatlas. Ein regionaler historischer Städteatlas im Kontext europäischer Forschung, in: Ehbrecht, Wilfried (Hg.): Westfälischer Städteatlas. Lieferung IX, H. 4: Höxter und Corvey. Altenbeken 2006.

Ehbrecht, Wilfried (Hg.): Städteatlanten. Vier Jahrzehnte Atlasarbeit in Europa. Köln–Weimar 2013.

Enderwitz, Fritz: Das Werden und Wachstum Breslaus, in: Friedrichsen, Max (Hg.): Beiträge zur schlesischen Landeskunde. Breslau 1925, 1–29.

Eysymontt, Rafał: Kod genetyczny miasta. Średniowieczne miasta lokacyjne Dolnego Śląska na tle urbanistyki europejskiej. Wrocław 2009.

Eysymontt, Rafał; Krzywka, Łukasz: Circa muros ipsius. Przed bramą Mikołajską, in: Rocznik Wrocławski 8/2002, 23–51.

Eysymontt, Rafał; Krzywka, Łukasz: „Prywatne ulice" w dziewiętnastowiecznym Wrocławiu, in: Okólska, Halina (Hg.): Mieszczaństwo wrocławskie. Materiały sesji naukowej zorganizowanej przez Muzeum Miejskie Wrocławia w dniach 7–9 grudnia 2000 r. Wrocław 2003, 291–299.

Eysymontt, Rafał; Ilkosz, Jerzy; Tomaszewicz, Agnieszka; Urbanik, Jadwiga (Hg.): Leksykon architektury Wrocławia. Wrocław 2011.

Fischer, Richard: Geschichte des Breslauer Wollmarktes von seinen Anfängen bis zur Gegenwart. Breslau 1938 (Beiträge zur Geschichte der Stadt Breslau; 4).

Firko, Czesław; Jankowski, Stanisław; Małkus, Stefan; Siwoń, Bolesław; Stępniewska, Bronisława; Tempski, Zdzisław: Gospodarka, in: Siwoń, Bolesław (Hg.): Wrocław. Rozwój miasta w Polsce Ludowej. Warszawa 1971, 121–166.

Freymark, Hermann: Das Werden der Wirtschaft Breslaus nach den Befreiungskriegen. Breslau 1940 (Beiträge zur Geschichte der Stadt Breslau; 11).

Friedla, Katharina: Juden in Breslau/Wrocław 1933–1949. Überlebensstrategien, Selbstbehauptung und Verfolgungserfahrungen. Köln 2015 (Lebenswelten osteuropäischer Juden; 16).

Gabiś, Agata: Wrocław po oblężeniu – zniszczenia i pierwsze lata odbudowy, in: Głowiński, Tomasz (Hg.): Festung Breslau 1945. Historia i pamięć. Wrocław 2009, 287–299.

Gelles, Romuald (Hg.): Historia Wrocławia w datach. Wrocław 1996.

Gierczak, Dariusz: Możliwości prezentacji rozwoju miast w wersji drukowanej i cyfrowej na przykładzie Historyczno-topograficznego atlasu miast śląskich, in: Polski Przegląd Kartograficzny, 44/2 (2012), 120–129.

Gleiss, Horst G. W. (Hg.): Breslauer Apokalypse 1945, Dokumentarchronik vom Todeskampf und Untergang einer deutschen Stadt und Festung am Ende des Zweiten Weltkrieges unter besonderer Berücksichtigung der internationalen Presseforschung, persönlicher Erlebnisberichte von Augenzeugen und eigenen Tagebuchaufzeichnungen, Bd. 1–10. Wedel (Holstein) / Rosenheim 1986–1997.

Głowiński, Tomasz (Hg.): Festung Breslau 1945. Historia i pamięć. Wrocław 2009.

Główny Urząd Statystyczny (Hg.): Rocznik Demograficzny. Warszawa 1965–1994.

Główny Urząd Statystyczny (Hg.): Statystyczna charakterystyka miast. Warszawa 1977 (Statystyka Polski, H. 85).

Główny Urząd Statystyczny (Hg.): Rocznik Statystyczny Miast. Warszawa 1980.

Główny Urząd Statystyczny (Hg.): Powierzchnia i ludność w przekroju terytorialnym 1989–2014. Warszawa 1989–2015.

Goliński, Mateusz: Socjotopografia późnośredniowiecznego Wrocławia. Wrocław 1997.

Goliński, Mateusz: Pas nadodrzański Starego Miasta we Wrocławiu – dzieje i podstawy pewnej koncepcji (do połowy XX w.), in: Buśko, Cezary; Piekalski, Jerzy (Hg.): Ze studiów nad życiem codziennym w średniowiecznym mieście. Parcele przy ulicy więziennej 10–11 we Wrocławiu. Wrocław 1999 (Wratislavia Antiqua; 4), 15–20.

Grünhagen, Colmar: Statistische und topographische Übersicht der Städte Schlesiens aus den Jahren 1787–89, in: Zeitschrift des Vereins für Geschichte und Alterthum Schlesiens, 24 (1880), 514–526.

Halicka, Beata (Hg.): Mein Haus an der Oder. Erinnerungen polnischer Siedler nach 1945. Paderborn 2013.

Halicka, Beata: Polens Wilder Westen. Erzwungene Migration und die kulturelle Aneignung des Oderraumes 1945–48. Paderborn 2013.

Hałagida, Igor: Ukraińcy na zachodnich i północnych ziemiach Polski 1947–1957. Warszawa 2002.

Harasimowicz, Jan (Hg.): Atlas architektury Wrocławia. Budowle sakralne. Świeckie budowle publiczne (Bd. 1). Wrocław 1997.

Harasimowicz, Jan (Hg.): Atlas architektury Wrocławia. Budowle mieszkalne. Budowle inżynieryjne i przemysłowe. Parki, cmentarze, pomniki (Bd. 2). Wrocław 1998.

Harasimowicz, Jan; Suleja, Włodzimierz; Smolak, Marzena (Hg.): Encyklopedia Wrocławia. Wrocław 2006.

Ikosz, Jerzy; Störtkuhl, Beate (Hg.): Hochhäuser für Breslau 1919–1932. Delmenhorst 1997.

Iwaszkiewicz, Bolesław: Przemówienie okolicznościowe Przewodniczącego Prezydium Rady Narodowej Miasta Wrocławia, in: Białczyński, Henryk (Hg.): Problemy demograficzne Ziem Zachodnich i Północnych. Materiały z konferencji 14 i 15 X 1968. Warszawa 1969, 14–17.

Jerrig, Franz Otto: Aus Breslau wurde Wroclaw. Hannover 1949.

Jonca, Karol; Konieczny, Alfred: Upadek „Festung Breslau". Wrocław 1963.

Junk, Heinz-Karl: Städte Mittel- und Ostdeutschlands im Deutschen Städteatlas. Bemerkungen zur III. Lieferung, in: Nordost-Archiv, 18 (1985), H. 79, 215–230.

Kaczmarek, Michał; Klimek, Stanisław (Hg.): Wrocław 1947. Fotografie lotnicze. Wrocław 2009.

Kaczmarek, Michał; Klimek, Stanisław (Hg.): Breslau 1947. Luftaufnahmen. Wrocław 2009.

Karwecka, Joanna: Duży napływ unijnych funduszy obroni nas przed groźną falą, in: Gazeta Wrocławska, 18.04.2014, 4.

Kliche, Holger: Ardelts Raketenmänner. Eberswalde 2009.

Kliche, Holger; Berus, Kurt; Stendel, Ewa: Ardelt-Werke – Waffenschmiede des Führers, T. 1, in: Barnimer Bürgerpost 02/2006.

Kirschke, Krystyna; Kirschke, Paweł: Dom Handlowy Renoma, in: Eysymontt, Rafał; Ilkosz, Jerzy; Tomaszewicz, Agnieszka; Urbanik, Jadwiga (Hg.): Leksykon architektury Wrocławia. Wrocław 2011, 678–670.

Klimek, Stanisław; Okólska, Halina: Breslau aus der Luft. Wrocław 2006.

Kłopot, Stanisław Witold: Stadtentwicklung: Veränderungen in der räumlich-funktionalen Struktur Wrocławs, in: Kunze, Cornelie; Hasse, Rolf H.: Die Situation und die Rolle von Großstädten im Transformationsprozess. Ökonomische Entwicklung und soziale Prozesse der Städte Leipzig und Wrocław 1995 bis 1999 im Vergleich. Ergebnisse eines deutsch-polnischen Forschungsprojekts der Universitäten Leipzig und Wrocław. Lepizig 2002, 217–221 (Transformationen, 11).

Knie, Johann Georg (Hg.): Geographische Beschreibung von Schlesien preußischen Antheils, der Graffschaft Glaz und der preußischen Marktgraffschaft Ober-Lausitz. Breslau 1827.

Knie, Johann Georg (Hg.): Alphabetisch-statistisch-topographische Uebersicht der Dörfer, Flecken, Städte und andern Orte der Königl. Preuss. Provinz Schlesien: nebst beigefügter Nachweisung von der Eintheilung des Landes nach den Bezirken der drei königlichen Regierungen, den darin enthaltenen Fürstenthümern und Kreisen, mit Angabe des Flächeninhaltes, der mittlern Erhebung über die Meeresfläche, der Bewohner, Gebäude, des Viehstandes usw. Breslau 1830.

Knie, Johann Georg (Hg.): Alphabetisch-statistisch-topographische Uebersicht der Dörfer, Flecken, Städte und andern Orte der Königl. Preuss. Provinz Schlesien: nebst beigefügter Nachweisung von der Eintheilung des Landes nach den Bezirken der drei königlichen Regierungen, den darin enthaltenen Fürstenthümern und Kreisen, mit Angabe des Flächeninhaltes, der mittlern Erhebung über die Meeresfläche, der Bewohner, Gebäude, des Viehstandes usw. Breslau 1845.

Kolouszek, Stanisław: Fortyfikacje Festung Breslau. Jelenia Góra 2014.

Kononowicz, Wanda: Pierwszy plan generalny Wrocławia (1924) i początki kompleksowego projektowania urbanistycznego, in: Rozpędowski, Jerzy; Różycka, Ewa; Urbanik, Jadwiga (Hg.): Architektura Wrocławia, Bd. 2. Urbanistyka. Wrocław 1995, 331–338.

Kononowicz, Wanda: Przedmieście Odrzańskie i Piaskowe. Przeobrażenia urbanistyczne w XIX i pierwszym trzydziestoleciu XX wieku, in: Głowiński, Tomasz; Okólska, Halina (Hg.): Przedmieście Odrzańskie we Wrocławiu. Wrocław 2014, 21–22.

Konwiarz, Richard: Breslaus Stadtbild und Bauten der Neuzeit, in: Hallama, Georg (Hg.): Breslau. Berlin 1921, 20–27 (Deutschlands Städtebau).

Königlich Preußisches Statistisches Landesamt (Hg.): Gemeindelexikon für die Provinz Schlesien. Auf Grund der Materialien der Volkszählung vom 1. Dezember 1905 und anderer amtlicher Quellen bearbeitet vom Königlich Preußischen Statistischen Landesamte. Berlin 1908 (Gemeindelexikon für das Königreich Preußen. Auf Grund [...], H. VI).

Königliches statistisches Bureau (Hg.): Gemeindelexikon für die Provinz Schlesien. Auf Grund der Materialien der Volkszählung vom 2. Dezember 1895 und anderer amtlicher Quellen bearbeitet vom Königlichen statistischen Bureau. Berlin 1898 (Gemeindelexikon für das Königreich Preußen. Auf Grund [...], H. VI).

Korn, Georg (Hg.): Breslauer Urkundenbuch, Bd. 1. Breslau 1870.

Kreft, Wolfgang: Das östliche Mitteleuropa im historischen Luftbild. Bildflüge 1942–1945 über Brandenburg, Ostpreußen, Polen, Pommern und Schlesien. Marburg 2000 (Sammlungen des Herder-Instituts zur Ostmitteleuropa-Forschung; 8).

Kreft, Wolfgang: Rozwój miast na Śląsku w XIX i XX w., in: Nowosielska-Sobel, Joanna; Strauchold, Grzegorz (Hg.): Śląsk w czasie i przestrzeni. Wrocław 2009 (Spotkania dolnośląskie; 4), 199–230.

Kreft, Wolfgang: Schlesische Städte im Spiegel topographischer Karten. Ein multimediales Atlasprojekt zur Siedlungsentwicklung vom 19. bis zum 21. Jahrhundert, in: Hałub, Marek; Mańko-Matysiak, Anna (Hg.): Śląska Republika Uczonych / Schlesische Gelehrtenrepublik / Slezská vědecká obec, Bd. 4. Wrocław 2010, 419–434.

Krzoska, Markus: Stadtgeschichte im 19. und 20. Jahrhundert. Allgemeine Einführung vor dem Hintergrund Ostmitteleuropas, in: Krzoska, Markus; Röskau-Rydel, Isabel (Hg.): Stadtleben und Nationalität. Ausgewählte Beiträge zur Stadtgeschichtsforschung in Ostmitteleuropa im 19. und 20. Jahrhundert. München 2006, 11–29.

Kuča, Karel: Města a Městečka v Čechách, na Moravě a ve Slezsku, Bd. 1–8. Praha 1999–2011.

Kuhn, Walter: Oppeln, in: Weczerka, Hugo (Hg.): Schlesien. Handbuch der historischen Stätten. Stuttgart 1977, 378–385.

Kulak, Teresa: Historia Wrocławia., Bd. II: Od twierdzy fryderycjańskiej do twierdzy hitlerowskiej. Wrocław 2001.

Kuroczyński, Piotr; Harfst, Simon: 1000-jährige Baugeschichte Breslaus – 10. bis Anfang 13. Jhd. 3D Computer-Rekonstruktion. Darmstadt 2010 (DVD).

Kwiatek, Jerzy; Lijewski, Teofil: Wrocław, in: Leksykon Miast Polskich. Warszawa 1998, 1019–1030.

Łagiewski, Maciej: Mosty Wrocławia. Wrocław 1989.

Łagiewski, Maciej: Wrocławscy Żydzi (1850–1944). Wrocław 1994.

Łagiewski, Maciej: Der alte jüdische Friedhof in Breslau, in: Kunstamt/Heimatmuseum Reinickendorf (Hg.): Leben mit den Toten. Manifestationen gegenwärtiger Bestattungskultur. Tagungsband zum gleichnamigen Symposium vom 10.11. bis 11.11.2006 im Landesarchiv Berlin. Berlin 2001, 107–121.

Lasota, Czesław; Chorowska, Małgorzata: Działka lokacyjna we Wrocławiu, in: Rozpędowski, Jerzy; Różycka, Ewa; Urbanik, Jadwiga (Hg.): Architektura Wrocławia, Bd. 2. Urbanistyka. Wrocław 1995, 65–85.

Lenger, Friedrich; Tenfelde, Klaus (Hg.): Die europäische Stadt im 20. Jahrhundert. Wahrnehmung – Entwicklung – Erosion. Köln 2006.

Leonhard, Richard: Der Stromlauf der mittleren Oder. Breslau 1893.

Magistrat der Königlichen Haupt- und Residenzstadt Breslau (Hg.): Schlachthof und Viehmarkt zu Breslau. Breslau 1900.

Malikowski, Marian; Solecki, Sławomir (Hg.): Przemiany przestrzenne w dużych miastach Polski i Europy Środkowo-Wschodniej. Kraków 2007.

Małachowicz, Edmund: Wrocław na wyspach. Rozwój urbanistyczny i architektoniczny. Wrocław 1992.

Małek, Aneta: Wrocławskie filie KL Gross-Rosen. Wałbrzych 2004.

Markgraf, Hermann: Die Straßen Breslaus nach ihrer Geschichte und ihren Namen. Breslau 1896 (Mitteilungen aus dem Stadtarchiv und der Stadtbibliothek zu Breslau; 2).

Markgraf, Hermann (Hg.): General Tauentzien und sein Denkmal in Breslau, in: Markgraf, Hermann (Hg.): Kleine Schriften zur Geschichte Schlesiens und Breslaus. Breslau 1915 (Mitteilungen aus dem Stadtarchiv und der Stadtbibliothek zu Breslau; 12), 115–151.

Marsch, Angelika: Friedrich Bernhard Werner (1690–1776): ein europäischer Ansichtenzeichner aus Schlesien. Würzburg 1995.

Marsch, Angelika: Friedrich Bernhard Werner (1690–1776). Śląski rysownik europejskich widoków. Tłum. Antoni Bok. Głogów 1998.

Międzynarodowa Komisja Ochrony Odry przed Zanieczyszczeniem (Hg.): Powódź 1997. Dorzecze Odry. Wrocław 1999.

Młynarska-Kaletynowa, Marta: Wrocław w XII i XIII w. Przemiany społeczne i osadnicze. Wrocław 1986 (Prace Komisji Archeologicznej; 4).

Młynarska-Kaletynowa, Marta: Przemiany przestrzenne Wrocławia w wiekach XII i XIII, in: Rozpędowski, Jerzy; Różycka, Ewa; Urbanik, Jadwiga (Hg.): Architektura Wrocławia, Bd. 2. Urbanistyka. Wrocław 1995, 9–28.

Młynarska-Kaletynowa, Marta: Od początków do okresu lokacji miasta na prawie niemieckim, in: Czacharowski, Antoni; Młynarska-Kaletynowa, Marta (Hg.): Atlas Historyczny Miast Polskich / Historischer Atlas polnischer Städte. Seria/Reihe IV: Śląsk: H. 1: Wrocław. Wrocław 2001, 5–7.

Mruczek, Roland: Kurzy targ we Wrocławiu: Uwagi o pierwotnym planie miasta, in: Piekalski, Jerzy; Wachowski, Krzysztof (Hg.): Średniowieczny Śląsk i Czechy. Centrum średniowiecznego miasta: Wrocław a Europa Środkowa. Wrocław 2000 (Wratislavia antiqua; 2), 259–278.

Mühle, Eduard: Breslau. Geschichte einer europäischen Metropole. Köln 2015.

Müller, Emil: Die Altstadt von Breslau. Citybildung und Physiognomie. Ein Beitrag zur Stadtgeographie. Breslau 1931.

Nowakowski, Ryszard; Urbaniak, Miron: Wrocławskie wodociągi i kanalizacje. Od przeszłości do współczesności. Monografia wydana z okazji 140-lecia wrocławskich wodociągów 1871–2011. Wrocław 2011.

Ociepka, Beata: Niemcy na Dolnym Śląsku w latach 1945–1970. Wrocław 1992.

Ogorzałek, Antoni: Integracja Wrocławia z jego środowiskiem przyrodniczym, czyli przyroda a ludzie we Wrocławiu, dużym mieście, in: Wrocław 2000 Plus. Studia nad strategią miasta, 2 (10) 1997, 13–14.

Olędzki, Jan: Polska na zdjęciach lotniczych i satelitarnych. Warszawa 1988.

Opll, Ferdinand: Zur österreichischen Stadtgeschichtsforschung. Bilanz und Perspektiven, in: Duchhardt, Heinz; Reininghaus, Wilfried (Hg.): Stadt und Region. Internationale Forschungen und Perspektiven. Kolloquium für Peter Johanek. Köln 2005 (Städteforschung; A/65), 43–72.

Ordyłowski, Marek: Życie codzienne we Wrocławiu 1945-1949. Wrocław 1991.

Piekalski, Jerzy: Wrocław średniowieczny. Studium kompleksu osadniczego na Ołbinie w VII–XIII w. Wrocław 1991.

Piekalski, Jerzy: Die Entwicklung der urbanen Struktur Breslaus im Mittelalter, in: Harasimowicz, Jan (Hg.): Das Bild von Wrocław/Breslau im Laufe der Geschichte. Tagungsband zum gleichnamigen Symposium im Österreichischen Staatsarchiv und im Wissenschaftlichen Zentrum der Polnischen Akademie der Wissenschaften in Wien, 18.–19. Juni 2008. Wien 2008 (Symposien und Seminare am Wissenschaftlichen Zentrum der Polnischen Akademie der Wissenschaften in Wien; 6), 29–43.

Pielużek, Grzegorz: Trasa WZ we Wrocławiu – na trzydziestolecie, in: Rocznik Wrocławski, 10/2006, 251–288.

Polius, Nikolaus: Historia incendiorum. Historische Brand- und Fewerspiegel oder ordentliche Erzehlunge vieler schaedlicher Fewerssbruenste, so im Lande Schlesien, sonderlich zu Bresslaw, bald vom Wether, bald aus Verwahrlosung, bald von bösen Leuthen, und solche alle omb der Sünde willen auffgeschüret, verursachtet und entstanden sind. Sampt kurzer Beschreibung des Landes, der Städte und Oerter, die den Brandschaden empfunden. Mit angehengtem Bericht von der Oder und anderer Schlesischen Wasser Ursprung fort- und außgange und zweyen nüslichen Registern. Breslau 1629.

Przybył, Maciej: Poznań na tle szlaków komunikacyjnych od X do XIII wieku, in: Kurnatowska, Zofia; Jurek, Tomasz: Civitas Posnaniensis. Studia z dziejów średniowiecznego Poznania. Poznań 2005 (Prace Komisji Historycznej; 62), 111–132.

Przyłęcka, Daniela: Nie od razu Wrocław odbudowano. Plany zagospodarowania przestrzennego, koncepcje oraz projekty urbanistyczne i architektoniczne a ich realizacja w latach 1945–1989. Wrocław 2012.

Roland, Gustav: Vollständige Topographie von Breslau, nach den besten Quellen. Breslau 1840.

Romanow, Jerzy: Arsenał wrocławski. Wyniki badań archeologiczno-architektonicznych. III etap badań. Wrocław 1992 (Manuskript).

Rozpędowski, Jerzy: Wrocław pierwszej lokacji, in: Rozpędowski, Jerzy; Różycka, Ewa; Urbanik, Jadwiga (Hg.): Architektura Wrocławia, Bd. 2: Urbanistyka. Wrocław 1995, 41–51.

Rozpędowski, Jerzy; Różycka, Ewa; Urbanik, Jadwiga (Hg.): Architektura Wrocławia. Wrocław 1995–1998.

Sawicka, Barbara: Filie Obozu koncentracyjnego Gross-Rosen. Informator. Wałbrzych 2008.

Scheuermann, Gerhard: Das Breslau Lexikon. Dülmen 1994.

Schieb, Roswitha: Breslau/Wrocław. Ein kunstgeschichtlicher Rundgang durch die Stadt der hundert Brücken. Regensburg 2015.

Magistrat der Königlichen Haupt- und Residenzstadt Breslau (Hg.): Schlachthof und Viehmarkt zu Breslau. Breslau 1900.

Schlögel, Karl; Halicka, Beata (Hg.): Odra – Oder. Blicke auf einen europäischen Strom. Berlin 2007.

Schlögel, Karl; Halicka, Beata (Hg.): Odra – Oder. Panorama europejskiej rzeki. Skórzyn 2008.

Sielicki, Tomasz: Wrocław, in: Żurawicz, Justyna (Hg.): Tramwaje w Polsce. Łódź 2013, 262–276.

Sitek, Wojciech: Wspólnota i zagrożenie: wrocławianie wobec wielkiej powodzi. Socjologiczny przyczynek do analizy krótkotrwałej wspólnoty. Wrocław 1997.

Siwoń, Bolesław (Hg.): Wrocław. Rozwój miasta w Polsce Ludowej. Warszawa 1971, 121–166.

Stankiewicz, Ryszard; Stiasny, Marcin: Atlas linii kolejowych Polski. Rybnik 2010.

Statistisches Amt der Stadt Breslau (Hg.): Breslauer Statistik. 1876–1921.

Stein, Julius: Geschichte der Stadt Breslau im neunzehnten Jahrhundert. Breslau 1884.

Steinert, Alfred: Breslau, in: Grosch, Waldemar (Hg.): Schlesisches Städtebuch. Stuttgart–Berlin 1995 (Deutsches Städtebuch. Neubearbeitung; 1: Schlesien), 17–52.

Störtkuhl, Beate: Moderne Architektur in Schlesien 1900 bis 1939. Baukultur und Politik. München 2013 (Schriften des Bundesinstitutes für Kultur und Geschichte der deutschen im östlichen Europa; 45).

Stoob, Heinz: Schlesien im Rahmen der Verbreitungskarten zum Deutschen Städteatlas, in: Jahrbuch der Schlesischen Friedrich-Wilhelms-Universität zu Breslau, 25 (1984), 3–24.

Strauchold, Grzegorz: Powojenne dzieje Polonii wrocławskiej – czy udana próba „przywrócenia" ojczyźnie?, in: Rocznik Wrocławski 2/1995, 135–145.

Strauchold, Grzegorz: Festung Breslau – fanatyczna, nazistowska awantura czy bohaterstwo obrońców ojczyzny? Opinie polskie powojennego półwiecza, in: Głowiński, Tomasz (Hg.): Festung Breslau 1945. Historia i pamięć. Wrocław 2009, 301–306.

Suleja, Włodzimierz: Historia Wrocławia. W Polsce Ludowej i III Rzeczypospolitej. Wrocław 2001.

Szaynok, Bożena: Żydzi we Wrocławiu po II wojnie światowej, in: Rocznik Wrocławski, 4/1997, 173–190.

Šmahel, František; Johanek, Peter; Semotanová, Eva; Slezák, Lubomír; Žemlička, Josef (Hg.): Historický atlas měst České republiky, Bd. 2: Pardubice. Praha 1995.

Tebarth, Hans-Jakob: Bevölkerungs- und Stadtentwicklung des Regierungsbezirks Oppeln im Zeitalter der Industrialisierung, in: Oberschlesisches Jahrbuch, 5 (1989), 1–18.

Tempski, Zbigniew: Wrocławski ośrodek przemysłowy. Wrocław 1970 (Monografie śląskie Ossolineum, 12).

Ther, Philipp (Hg.): Das polnische Breslau als europäische Metropole. Erinnerung und Geschichtspolitik aus dem Blickwinkel der Oral History. Wrocław 2005.

Thum, Gregor: Die fremde Stadt Breslau 1945. München 2003.

Thum, Gregor: Obce miasto. Wrocław w 1945 i potem. Wrocław 2005.

Trzaskowska, Grażyna: Trasa WZ we Wrocławiu – na trzydziestolecie, in: Rocznik Wrocławski, 10/2006, 231–249.

Trzaskowska, Grażyna: Cmentarze wojenne we Wrocławiu w latach 1939–2002. Wrocław 2008.

Tyszkiewicz, Jakub: Sto wielkich dni Wrocławia. Wystawa Ziem Odzyskanych we Wrocławiu a propaganda polityczna ziem zachodnich i północnych w latach 1945–1948. Wrocław 1997.

Verhulst, Adriaan: Probleme der Stadtkernforschung in einigen flämischen Städten des Früh- und Hochmittelalters, in: Jäger, Helmut (Hg.): Stadtkernforschung 1987 (Städteforschung A/27), 279–295.

Weczerka, Hugo: Die Herkunft der Studenten des Jüdisch-Theologischen Seminars zu Breslau 1854–1938. Marburg 1986, in: Zeitschrift für Ostforschung, 1–4 (1986), 88–139.

Weczerka, Hugo (Hg.): Schlesien. Handbuch der historischen Stätten. Stuttgart 2003.

Weigel, Johann: Geographisch-naturhistorische und topographische Beschreibung des Souverainen Herzogthums Schlesien. Berlin 1802.

Wendt, Heinrich: Die Breslauer Eingemeindungen. Breslau 1912 (Mitteilungen aus dem Stadtarchiv und der Stadtbibliothek zu Breslau; 11).

Wendt, Heinrich: Die Breslauer Stadt- und Hospital-Landgüter. Breslau 1899 (Mitteilungen aus dem Stadtarchiv und der Stadtbibliothek zu Breslau; 2).

Wolniczek, Dorota: Wrocławianie wobec materialnego dziedzictwa kulturowego miasta. Wokół odbudowy i renowacji historycznego centrum Wrocławia w latach 1984–2004. Toruń 2012.

Wrzesiński, Wojciech (Hg.): Wrocławska kronika wielkiej wody. 10 lipca–18 sierpnia. Wstępny raport. Wrocław 1997.

Ysselstein, Maximilian: Lokal-Statistik der Stadt Breslau. Breslau 1866.

Zabłocka-Kos, Agnieszka: Synagoga Pod Białym Bocianem (Synagoge Zum weißen Storch), u. Pawła Włodkowica 5–9, in: Harasimowicz, Jan (Hg.): Atlas architektury Wrocławia. Budowle sakralne. Świeckie budowle publiczne (Bd. 1). Wrocław 1997, 61.

Zabłocka-Kos, Agnieszka: Die Entwicklung Breslaus in den Jahren 1807–1918, in: Czacharowski, Antoni; Młynarska-Kaletynowa, Marta (Hg.): Atlas Historyczny Miast Polskich / Historischer Atlas polnischer Städte. Seria/Reihe IV: Śląsk: H. 1: Wrocław. Wrocław 2001, 24–28.

Zabłocka-Kos, Agnieszka: Zrozumieć miasto. Wrocław 2006.

Ziątkowski, Leszek: Die räumliche und architektonische Entwicklung Breslaus vom 16. bis zum 18. Jahrhundert, in: Czacharowski, Antoni; Młynarska-Kaletynowa, Marta (Hg.): Atlas Historyczny Miast Polskich / Historischer Atlas polnischer Städte. Seria/Reihe IV: Śląsk: H. 1: Wrocław. Wrocław 2001, 9–12.

Zimmermann, Friedrich Albert: Beschreibung der Stadt Breslau im Herzogthum Schlesien. Brieg 1794.

Żerelik, Rościsław: Bartłomieja Steina renesansowe opisanie Wrocławia. Wrocław 1995.

ispan.pl/pl/zbiory/zbiory-fotografii-i-rysunkow-pomiarowych [Instytut Sztuki Polskiej Akademii Nauk. Zbiory fotografii i rysunków pomiarowych; letzter Zugriff 12.08.2015].

http://wroclaw.stat.gov.pl/ [Wojewódzki Urząd Statystyczny we Wrocławiu; letzter Zugriff 20.08.2015].

www.ap.wroc.pl [Archiwum Państwowe we Wrocławiu; letzter Zugriff 21.09.2015].

www.herder-institut.de/atlas-miast-slaskich [Historyczno-topograficzny atlas miast śląskich / Historisch-topographischer Atlas schlesischer Städte / Historicko-topografický atlas slezských měst; letzter Zugriff 21.06.2014].

www.herder-institut.de/staedteatlas-schlesien [Historisch-topographischer Atlas schlesischer Städte / Historyczno-topograficzny atlas miast śląskich / Historicko-topografický atlas slezských měst; letzter Zugriff 21.09.2015].

www.instytutslaski.com [Państwowy Instytut Naukowy – Instytut Śląski; letzter Zugriff 12.08.2015].

www.mapywig.org [Archiwum map Wojskowego Instytutu Geograficznego 1919–1939; letzter Zugriff 20.02.2016].

www.stadionwroclaw.pl [Stadion Miejski we Wrocławiu; letzter Zugriff 24.11.2015 r.].

www.territorial.de [Territoriale Veränderungen in Deutschland und deutsch verwalteten Gebieten 1874–1945; letzter Zugriff 20.08.2015].

www.uni-muenster.de/Staedtegeschichte/bestaende/staedteatlanten.html [Europäische Städteatlanten; letzter Zugriff 11.08.2015].

Bildnachweis

Archiwum Map Wojskowego Instytutu Geograficznego 1919–1939: **31**

Archiwum Państwowe we Wrocławiu: **58–61**

Biblioteka Uniwersytecka we Wrocławiu: **11** unten, **21** unten, **22** unten, **27** oben, **28** unten links, **32, 34, 35** oben alle

BLOCHPLAN Berlin: **44, 45**

Böhlau Verlag Köln: **4**

Expressmap: **7** unten, **43**

Główny Geodeta Kraju, Warszawa: **62–65, 66–67, 68–69, 70–73, 81**

Herder-Institut, Marburg: **5, 7** oben, **9** oben alle, **11** oben, **12** unten, **13** unten, **14** unten, **15** unten, **16** oben, **17, 18** oben und rechts beide, **19** links, **20** rechts, **22** rechts beide, **23** rechts, **25** links beide, **27** unten beide, **28** oben und rechts alle, **29** alle, **30, 33** alle, **35** unten alle, **36** alle, **37** alle, **38** alle, **39** alle, **40** oben und rechts, **41** alle, **42, 54–57, 58–61, 74–77**

Łokietka 5 – Infopunkt Nadodrze: **40** unten

Staatsbibliothek zu Berlin – Preußischer Kulturbesitz: **10, 12–13** oben, **14** oben beide, **16** unten, **18** unten, **19** unten, **20** unten, **21** oben, **23** unten, **24, 25** rechts, **26** alle, **30, 46–49, 50–53**

Technische Universität Darmstadt: **8**